W0177414

Warum tiefe Männerstimmen doch nicht sexy sind

Vivien Zuta

Warum tiefe Männerstimmen doch nicht sexy sind

Das Geheimnis unserer Stimme

Scherz

www.fischerverlage.de

Erschienen bei Scherz, ein Verlag der
S. Fischer Verlag GmbH, Frankfurt am Main 2008
Umschlaggestaltung: HildenDesign, München
Gesamtherstellung: CPI – Ebner & Spiegel, Ulm
Printed in Germany

ISBN 978-3-502-15150-0

Meinen geliebten Großeltern

Glückliche Menschen gehen in ihrer Arbeit auf,
aber niemals unter.

PROF. DR. RUDOLF SCHEID, 1925–2007

Inhalt

Stellen Sie sich vor, … 11

Das akustische Erscheinungsbild 17

Meine Stimme malt ein Bild? 18
Ich habe aber doch nur eine Stimme … 21

1. Kapitel
Entwicklung und Funktion der Stimme 25

Wie die Stimme funktioniert 31
Töne werden zu Sprache 36

2. Kapitel
Warum tiefe Männerstimmen doch
nicht sexy sind … 41

… und wann Frauen schön klingen 47
Was haben wir eigentlich von der Attraktivität? 51

3. Kapitel
Die Botschaft der Geräusche 55

4. Kapitel
Die akustische Wahrnehmung im Alltag 65

Stimmspezialisten auf Täterfang 69
So viel »Ich« steckt in meiner Stimme! 73
Kann ich meine Stimme trainieren, damit sie
attraktiver wird? 76

5. Kapitel
Stimme – unsere akustische Visitenkarte 79

Atmung 81
Stimmlage 91
Lautstärke 96
Sprechmelodie 98
Sprechgeschwindigkeit 104
Pausen 106
Verzögerungslaute 109
Aussprache 114
Tonfall 136

6. Kapitel
So wichtig wie Sprechen: (Zu)Hören 141

7. Kapitel
Die Stimmprofile 149

Telefonstimme 150
Berufsstimme 166
Schmeichelstimme 187

8. Kapitel
Stimmpflege und Stimmhygiene 201

Wenn die Stimme krank ist 203

Meine lieben Leser 207

Danke! 209

Kleines phonetisches Glossar 211

Verwendete Literatur 221

Weiterführendes zum Thema Stimme 223

> Die Stimme eines Menschen
> ist sein zweites Gesicht.
>
> GÉRARD BAUER

Stellen Sie sich vor, …

Sie kommen gerade aus der letzten Besprechung des Tages und laufen mit Ihrem Chef durch den Büroflur, als Ihr Handy klingelt. Sie melden sich mit einem knappen »Ja?«, und ein fröhliches »Du, wir brauchen noch dringend Klopapier, bringst du gleich welches mit, wenn du heimkommst?« schallt Ihnen entgegen.

Normalerweise bringt Sie diese Aufforderung wahrscheinlich nicht so sehr aus der Ruhe. Ein einfaches »Ja klar, mache ich«, eventuell geschmückt mit einem angehängten »Schatz« oder »Süße(r)« wäre wahrscheinlich die Antwort Ihrer Wahl. (Wie das Gespräch verläuft, wenn Sie sich für »Auf keinen Fall, das musst du selbst machen!« entscheiden, wird hier aus strategischen Gründen vernachlässigt.)

Sobald Ihnen bewusst wird, dass Ihr Chef neben Ihnen steht, wird die Situation allerdings oftmals unangenehm, und plötzlich stammeln Sie so lange, bis die Person am Hörer entweder entnervt auflegt oder einfühlsam erkennt, dass es wohl »im Moment schlecht« ist. Im ungünstigsten Fall bekommen Sie ein »Ist irgendetwas? Du klingst so komisch!« zu hören, auf das Sie mit einem »Nein, nein!« antworten, aus Angst zu viel zu sagen und somit – oh Grauen – zu verraten, wer sich gerade am Telefon befindet! »Aber irgendetwas ist doch mit dir?« Und schon sitzen Sie in der

Patsche. Sie könnten jetzt entweder auflegen und Ihre Beziehung riskieren, oder Sie entschuldigen sich kurz bei Ihrem Chef. Für welche Möglichkeit auch immer Sie sich entscheiden: So weit hätte es gar nicht kommen müssen, und so etwas soll auch nicht mehr geschehen.

Diese unangenehme Situation entsteht nämlich unter anderem, weil man im privaten Bereich häufig eine andere Stimme benutzt als im Umgang mit Geschäftspartnern, Vorgesetzten, Mitarbeitern oder Kollegen, und man möchte vermeiden, dass diese das private Ich in seiner Gesamtheit kennenlernen. Die berufliche und die private Stimme sind zwei Varianten, die sich scheinbar gegenseitig ausschließen.

Es gibt aber auch noch andere »Stimmprofile« und Möglichkeiten, mit der Stimme umzugehen. Was alles mit Stimme und Sprechweise möglich ist, was sich vorbereiten und üben lässt und welche Rückschlüsse wir über den Menschen anhand seiner Stimme ziehen können, werden Sie in diesem Buch erfahren.

Die Reaktion, wenn ich erkläre, dass ich Phonetikerin bin, ist eigentlich immer ähnlich: »Phon … was?! Das kann man studieren?«, gefolgt von »und was macht man da so?«. Im Gegensatz zum englischsprachigen Ausland weiß hierzulande kaum jemand, was die Phonetik ist.

Die Phonetik ist, kurz gefasst, die Lehre der Laute. Aber das ist noch lange nicht alles! Wir beschäftigen uns mit allem, was man vom Kehlkopf bis zu den Lippen produzieren kann. Dazu gehört sowohl die Sprache und das Sprechen (alle Laute, die sich physiologisch bilden lassen, das ist die artikulatorische Phonetik) als auch die Atmung. Und weil das alles erst dann wirklich interessant wird, wenn man es akustisch wahrnehmen, also hören kann, erforschen Phonetiker auch den Sprachschall (akustische Phonetik) und die (Sprach-)wahrnehmung (auditive Phonetik). Sie beschäftigen sich mit der Archivierung lebender, vom Aussterben bedrohter und toter Sprachen ebenso wie mit den Regeln gesprochener Sprache. Auch im Fremdsprachenunterricht kann die Phonetik den Lernenden einfache und nachvollziehbare Ansätze für eine korrekte Aussprache liefern. Wir verknüpfen dabei naturwissenschaftliche mit geisteswissenschaftlichen Methoden, was eine eindeutige Eingliederung in einen entweder naturwissenschaftlichen oder geisteswissenschaftlichen Fachbereich erschwert. Durch die Bandbreite an Forschungsthemen siedelt sich die Phonetik irgendwo zwischen beiden Feldern an.

Nun schreibt man als Phonetikerin nicht zwangsläufig ein Buch, obwohl einige von uns, gerade weil wir bisher so unauffällig sind, viel zu erzählen hätten. Glücklicherweise jedoch hat das Thema meiner Abschlussarbeit »Was macht Männerstimmen attraktiv?« nach ein paar Irrwegen doch noch ans Licht der Öffentlichkeit gefunden. Nachdem ich nach meinem Studium ein Jahr lang an der Goethe-Universität in Frankfurt unterrichtete und mich währenddessen vergeblich um ein Forschungsstipendium bemühte, lud mich zunächst das FIAS (Frankfurt Institute for Advanced Studies) als Erste von 43 angeschriebenen Stipendien- und Weiterbildungsmöglichkeiten zu einem Gespräch ein. Angetan von meinem Forschungsfeld, nämlich der Attraktivität von menschlichen Stimmen, erhielt ich dort endlich ein Stipendium, das es mir ermöglichte, weiter an meinem Thema zu arbeiten.

Meine Forschungsarbeit war nun zwar sichergestellt,

aber ich verstand immer noch nicht recht, warum sich wirklich jeder für mein Thema begeistern konnte und ich dennoch so lange gebraucht hatte, ein Stipendium zu bekommen. So soll es mir mit meiner weiteren Arbeit nicht ergehen!, beschloss ich und meldete mich bei einem Workshop an, der den vielversprechenden Titel trug: »Wie kommt Wissenschaft an die Öffentlichkeit?« Der Workshopleiter war Journalist und forderte uns als Erstes auf, auf die wissenschaftliche Sprache zu verzichten und in einem allgemeinverständlichen Satz den Inhalt unserer wissenschaftlichen Arbeit zusammenzufassen. Mein »Küchenzuruf«, so wurde diese Kernaussage genannt, lautete: »Attraktive Männerstimmen müssen nicht tief sein!« Der Journalist und auch die anderen Teilnehmer waren begeistert, und das Interesse an meinem Thema war groß. Diese Reaktion kannte ich schon. Aber dieses Mal kam alles anders. Eine Teilnehmerin des Workshops gab mein Thema an die Pressestelle der Universität weiter, die mich umgehend kontaktierte. Es wurde eine Pressemitteilung verfasst, und sobald diese veröffentlich wurde, stand mein Telefon nicht mehr still. Es ging von einem Radiosender zum nächsten und ab ins Fernsehen. Da war es hin mit meiner wissenschaftlichen Arbeitsruhe. Das Thema wurde überall aufgegriffen und interessiert verfolgt. Schließlich wurde der Verlag auf mich aufmerksam und bat mich, dieses Buch zu schreiben. Glücklicherweise erhielt ich dafür die Unterstützung des FIAS.

Ich freue mich, nun endlich einem größerem Publikum die Ergebnisse meiner wissenschaftlichen Arbeit und darüber hinaus die Bedeutung von Stimme als Ausdrucksmittel der Persönlichkeit näherbringen zu können.

Wir alle verwenden unsere Stimme alltäglich und selbstverständlich, sind uns aber nicht bewusst, welche Bedeutung sie besitzt. Mit diesem Buch möchten ich Ihnen die Möglichkeiten Ihrer Stimme aufzeigen und wie Sie sie für sich sprechen lassen können.

Entdecken Sie die Faszination Ihrer Stimme!

Vivien Zuta

Frankfurt im Mai 2008

Das akustische Erscheinungsbild

Unter dem Begriff »optisches Erscheinungsbild« können sich die meisten Menschen etwas vorstellen. Dass es aber ein akustisches Pendant dazu gibt, scheint für viele neu zu sein. Dabei wird es in den modernen Kommunikationsprozessen immer wichtiger: Denken Sie nur an Voice-Chat oder Call-Center. Aber auch im Vieraugengespräch übermittelt unserer Stimme Botschaften »zwischen den Zeilen«, die wir nicht unterschätzen sollten.

Unsere Stimme spielt im täglichen Leben eine bislang völlig unterschätzte Rolle. Das soll sich nun ändern: Ab heute verdient Ihre Stimme Ihre volle Aufmerksamkeit und bedarf besonderer Pflege. Ebenso selbstverständlich, wie Sie sich morgens die Zähne putzen, sich vor dem Spiegel rasieren oder die Wimpern tuschen, Ihre Kleidung auswählen, Ihren Vortrag nochmals inhaltlich überdenken, sollten Sie sich von nun an Ihrer Stimme bewusst werden und sie auf den Tag vorbereiten – sie ist ein ebenso wichtiges Ausdrucksmittel Ihrer Persönlichkeit wie Ihre Kleidung, Ihr Make-up, Ihr Auto und Ihre Wortwahl.

Denn Sie müssen sich bewusst machen: Wir kommunizieren nicht nur mit Worten. Es sind Blicke, Körperhaltung, Bewegung und noch viele weitere Eigenschaften, die das Gesamtbild eines Menschen ausmachen, und in allen diesen Ausdrucksformen verstecken sich Botschaften.

Es ist schier unmöglich, nicht zu kommunizieren. Auch in der Stimme, der Atmung, der Sprechgeschwindigkeit, dem Stimmklang und der Tonhöhe liegen Informationen für den Zuhörer, mit deren Hilfe er sich ein bestimmtes Bild von der Persönlichkeit des Sprechenden macht.

Meine Stimme malt ein Bild?

Ganz genau. Ihre Stimme malt ein optisches Bild von Ihnen. Das mag vielleicht für Sie etwas fremd oder beunruhigend klingen, weil Sie noch nie darauf geachtet haben. Doch keine Panik, jetzt wird dafür gesorgt, dass das Bild ein schönes und Ihren Ansprüchen gerecht wird. Denn es ist erwiesen, dass Menschen mit einem attraktiven, angenehmen Stimmklang stets attraktive optische Merkmale zugeschrieben werden. Gleichzeitig werden Eigentümer von eher unattraktiv klingenden Stimmen mit optisch weniger reizvollen Attributen in Zusammenhang gebracht. Als attraktive Attribute werden Beschreibungen wie »sportlich«, »schlank«, »gepflegt« genannt, während die weniger positiven Eigenschaften »lethargisch«, »dick« und »ungepflegt« sind.

Die menschliche Stimme ist also nicht unwesentlich am Attraktivitätsempfinden beteiligt. Psychologen gehen davon aus, dass Menschen mit bis zu 38 Prozent über ihre Stimme wahrgenommen werden. Grund genug, sich ausführlich damit zu beschäftigen. Sprichwörter wie »Der Ton macht die Musik« belegen, dass auch der Volksmund erkannt hat, dass die Stimme und die Art und Weise, wie man das Gesagte an den Zuhörer weitergibt, ausschlaggebend für die Reaktionen sind, die man sich erhofft, erwartet oder fürchtet. Sie sind auch ein Hinweis darauf, dass sich Situationen durch die Sprechweise lenken lassen, und sie eröffnen uns einen Raum, in dem sich viele Menschen bisher noch nicht zu Hause fühlen oder gar nicht wissen, dass er existiert.

Dabei ist es ganz wichtig zu wissen, dass Ihre Stimme, die Sie auf Tonband, CD oder aus dem Computer hören, die Stimme ist, die Ihre Umwelt wahrnimmt – auch wenn sie Ihnen zunächst unvertraut und fremd vorkommen *Erster Schritt zum überzeugenden akustischen Erscheinungsbild: Machen Sie sich Ihre Stimme bewusst und lernen Sie sie kennen.* mag. Das kommt daher, weil Sie sich selbst normalerweise anders wahrnehmen. Wenn Sie sprechen, verarbeitet Ihr Gehör für gewöhnlich Ihren eigenen Körperschall und den Schall, den Sie selbst erzeugen, zu einem akustischen Gesamteindruck. Dies ist Ihre Stimme, wie Sie sie normalerweise wahrnehmen. Fällt nun der Körperschall weg, weil Sie sich selbst aufgenommen haben, hören Sie sich, wie auch Außenstehende Sie hören.

Viele Menschen haben deshalb von ihren eigenen Stimmen oft einen nicht besonders realistischen Eindruck. Gerne betonen beispielsweise Frauen mit hohen Stimmen, sie fänden ihre Stimme zu tief, und Männer mit eher hohen Stimmen erklären, dass ihnen nachgesagt wird, eine tiefe Stimme zu haben. Die eigene Stimme lässt sich kaum beurteilen, wenn man sich nicht einmal länger mit ihr beschäftigt hat.

Deshalb ist es notwendig, dass Sie sich Ihre Stimme anhören und dass Sie sich an sie gewöhnen. Ziel dieses Buches ist es, Ihnen behilflich zu sein, damit Sie sich mit Ihrer Stimme wohlfühlen und je nach Anlass eine angemessene Sprechweise und Stimmführung umsetzen können. Die letztendliche Entscheidung, in welcher Situation Sie sich für eine bestimmte Kategorie des Sprechens entscheiden, liegt bei Ihnen. Sind Sie sich erst einmal bewusst darüber, dass es nicht nur eine Art und Weise des Sprechens, der Stimme und der Kommunikation gibt und worin genau die Unterschiede liegen, sind Sie dem Ziel schon einen wesentlichen Schritt nähergekommen, das Potenzial Ihrer Stimme auszuschöpfen.

Nur müssen Sie, um produktiv mit Ihrer Stimme arbeiten zu können, Ihre Stimme als etwas Wesentliches akzeptieren und mögen lernen. Die Stimme soll von nun an ganz bewusst zu Ihnen gehören, wie Ihr Lieblingspulli oder die besten Schuhe. Wenn Sie sich in Ihren Kleidungsstücken wohlfühlen, treten Sie bestimmter und selbstbewusster auf, als wenn Sie das Gefühl plagt, nicht das richtige Outfit für den Anlass gewählt zu haben. Das gilt auch für Ihre Stimme.

Dieses Buch soll Ihnen als Stütze auf dem Weg zu einem attraktiven akustischen Erscheinungsbild dienen. Ich verrate Ihnen, wie es geht, aber sprechen und üben müssen Sie schon selbst. Sie werden sehen, sobald Sie sich an Ihre neue optionale(n) Stimme(n) gewöhnt haben, werden Sie sich mit ihr bzw. ihnen auch wohlfühlen.

Je selbstbewusster Sie mit Ihrer Stimme auftreten, desto selbstbewusster werden Sie von Ihren Zuhörern wahrgenommen.

Ich habe aber doch nur eine Stimme …

… mögen Sie einwenden. Nun ja, Sie haben nur einen Kehlkopf und nur einen physiologischen Apparat, aus dem alles raus muss, aber Sie haben eine Fülle von Komponenten zur Verfügung, die sich variieren lassen. Das ist wie mit Ihrer Garderobe. Sie haben Hosen und Anzüge, Röcke, Blusen, Hemden und Strümpfe. Und selbst wenn Sie jeden Tag immer Hose und Hemd bzw. Bluse tragen, können Sie an allen Tagen komplett unterschiedlich aussehen, denn die Kleidungsstücke unterscheiden sich durch die Beschaffenheit der Stoffe, die Farben oder Schnittmuster voneinander.

Genauso verhält es sich mit Ihrer Stimme. Sie haben Stimmbänder, den Bereich zwischen Kehlkopf und den Lippen, Zähne, Zunge, Muskeln und einiges mehr, um Stimme zu erzeugen. Sie pressen die Luft aus den Lungen zwischen den Stimmbändern hindurch, wodurch diese sich sehr schnell öffnen und schließen und Ihre Stimme entsteht. Sobald eine Kleinigkeit an diesem Ablauf verändert wird, klingt die Stimme anders als gewohnt. Zum Beispiel hat man, wenn man erkältet ist, häufig eine tiefere Stimme, und mit verstopfter Nase klingt man auch ganz anders. Das liegt hauptsächlich an den veränderten Schleimhäuten, die bei Erkältung anschwellen können. Zum einen verändert sich dadurch das Schwingverhalten der Stimmlippen, zum andern die Konsistenz und das Volumen der Resonanzräume, also von Mund-, Rachen- und Nasenraum.

Auch morgens ist unsere Stimme tiefer, weil wir geschlafen haben und die Stimmbänder und Muskeln entspannt sind. Sie brauchen eine Weile, um sich einzuschwingen. Unsere Stimmbänder verhalten sich wie eine Gitarre, deren Saiten nicht richtig gespannt sind. Je weniger Spannung aufgebaut ist, desto langsamer schwingen die Saiten und desto tiefer ist der Ton. Die Stimme klingt verschlafen, und das nehmen die meisten Menschen wahr, die uns am Sonntagmorgen um acht Uhr aus dem Bett klingeln.

Des Weiteren gibt es unterschiedliche Stimmprofile, derer wir uns meist unbewusst bedienen. Sie sprechen mit Ihren Arbeitskollegen vermutlich anders als mit Ihrem Partner (Klopapier!) oder Ihren Eltern oder Kindern. Und auch Ihre Körperhaltung, die sich verändert (u. U. anspannt), wenn Sie beispielsweise mit Ihrem Chef über eine Gehaltserhöhung verhandeln, hat Auswirkungen auf Ihre Stimme.

Darüber hinaus gibt es eine permanente Neigung, die Art und Weise des Sprechens zu modulieren. Das zeigt sich z. B., wenn man sich über einen längeren Zeitraum in einer Region aufhält, in der die Menschen auf eine bestimmte, uns gefällige Art und Weise sprechen – sei dies nun ein Dialekt oder eine andere Melodieführung. Nach einiger Zeit tendiert man dazu, die ansässige Sprechweise nachzuahmen.

So wie dies alles eher unbewusst passiert, kann man aber auch bewusst Einfluss auf sein Stimmverhalten nehmen und es in eine bestimmte Richtung trainieren. Sie können die Variationsmöglichkeiten Ihrer Stimme bewusst einsetzten. Sie können schnell reden oder langsam sprechen, schreien oder flüstern, rau sprechen, leise säuseln oder singen und vieles mehr. All diese Varianten der Stimme sind begründet durch eine Vielzahl komplexer Vorgänge, die in einschlägiger Fachliteratur nachzulesen sind. Ich will mich jedoch auf das Training der für Sie wichtigen Eigenschaften beschränken. Entscheidend ist, dass Sie lernen, Ihre Stimme aktiv einzusetzen.

Dabei geht es nicht darum, Ihre individuelle Sprechweise – Wortschatz, Satzbau und Ihre private Sprechstimme –, die für sie charakteristisch ist, grundlegend zu verändern. Die Übungen und Empfehlungen in diesem Buch sollen dazu führen, Ihre individuelle Sprechweise und Stimme in Ihrem Sinne zu optimieren.

Bevor wir allerdings zum Sprechen kommen, will ich, dass Sie sich etwas auf das Hören einlassen. Denn, um mit Ihrer Stimme arbeiten zu können, müssen Sie erst einmal richtig hinhören. Sie müssen Ihre Stimme kennenlernen – so wie Sie sie hören und wie sie von anderen gehört wird.

1. Kapitel:
Entwicklung und Funktion der Stimme

Für manche Ohren mag Babygeschrei immer gleich klingen. Doch es ist erstaunlich, wie viele Informationen bereits in den ersten Äußerungen eines kleinen Menschen stecken. Mütter und Väter können häufig nach ein paar Wochen unterschiedliche Schreiarten voneinander unterscheiden und wissen, ob das Baby Hunger hat oder ob die Windeln voll sind. Die wichtigste Information des Babygeschreis ist aber ganz einfach und von jedem weithin hörbar: Das Kind lebt!

So inhaltlich bedeutend und gleichzeitig simpel stellen sich die ersten Geräusche dar, die ein Säugling von sich gibt. Ein schreiendes Baby zeigt zunächst an, dass es mit einer nicht von der Hand zu weisenden Intensität ein- und ausatmet, was durch die Lautstärke des Schreis verdeutlicht wird. Im darauf folgenden Zeitabschnitt, der für Eltern (und Nachbarn) zur Geduldsprobe werden kann, übt sich das Kind in verschiedenen Schreisituationen und testet die unterschiedlichen Auswirkungen auf sich selbst, die eigene Stimme und seine Umgebung durch Variationen der Intensität, den Gebrauch von Zunge und Lippen und Kehlkopf und allem, was dazugehört. Dadurch, dass der Mundraum eines Säuglings noch sehr flach und klein ist, ähneln sich die produzierten Laute zunächst stark. Die

Lautstärke kann sehr heftig und mit steigender Lautstärke kann auch der Stimmton des Säuglings äußerst schrill werden. Ziemlich schnell lernt der Säugling, dass er den Klang seiner Schreie verändern kann, um unterschiedliche Dinge zu fordern. Seine Äußerungen bekommen einen kommunikativen Charakter und werden für die nächste Umwelt differenzierbar. Die Skala reicht von weicheren, tieferen und häufig nicht ganz so lauten Tönen, wenn sich das Baby freut oder allgemein eher positiv gestimmt ist, bis zu harten, schrillen, hohen und lauten Schreien, wenn es Schmerzen, Hunger hat oder Zuwendung benötigt. Diese Schreie können den Sprechapparat des Säuglings so sehr anstrengen, dass es sich heiser schreit.

Nach dieser Phase, also ab dem dritten bis vierten Monat, hat sich der Mundraum bereits weiterentwickelt, und die Lautbildung beginnt mit dem typischen Babygebrabbel. Während dieses Prozesses und in den folgenden Monaten entwickelt sich auch die Stimme weiter. Die Kinder »lernen«, die unterschiedlichen Schreiarten und das Lallen zu ihrem Nutzen zu verwenden, und beginnen zu kommunizieren. Ab ca. dem ersten Lebensjahr fangen die Kinder dann an, die ersten Wörter zu sprechen. (Übrigens sind manche Kinder schneller, manche langsamer, keine Sorge! Jedes Kind hat seinen eigenen Rhythmus.) Die Kinder beginnen in sogenannten »Einwortsätzen« zu kommunizieren und erlernen eine ausgeprägtere Lautbildung. Einzelne Konsonanten, typischerweise sind das m, p und b, werden mit Vokalen in Verbindung gebracht. Nach und nach wird der Wortschatz erweitert, die Lautbildung und die Komplexität der Satzstrukturen nehmen zu. Die Kinder lernen langsam, durch gezielte Nachahmung der Satz- bzw. Wortmelodie Fragen zu stellen, z. B. »Da Wauwau?«.

Zwischen dem zweiten und dritten Lebensjahr entwickelt sich das grammatikalische Verständnis, und der Wortschatz nimmt in rasanter Geschwindigkeit zu. Die Lautbildung verbessert sich, und auch schwierigere Lautkombinationen wie »kl«, »kn«, »bl«, »gr« werden geübt. Einfache Nebensätze können verstanden und auch verwendet werden.

Ab dem dritten bis vierten Lebensjahr schließlich schreitet die Sprachentwicklung in rasantem Tempo voran. Unzählige Fragen wollen von den Eltern beantwortet werden, und abhängig davon, wie geduldig und fördernd sie auf das Kind reagieren, entwickelt sich das sprechen lernende Kind zu einem sprechenden Kind. Das Thema der Sprachentwicklung bei Kindern ist verständlicherweise ein breit gefächertes, wissenschaftliches Gebiet, das wir hier nur kurz anreißen können.

Zwar gibt es Kinder, die beim Sprechenlernen mehr Geschick beweisen als andere, aber sprachlicher und kommunikativer Erfolg ist bis zu einem gewissen Maße durchaus trainier- und erlernbar. Der Gebrauch und die Verwendung der Stimme, nicht nur als Träger der Sprache, sondern auch als Informationsträger der eigenen Stimmung und Befindlichkeit wird dabei automatisch mitgeübt. Stimmschulungen oder -trainings sind im kindlichen Alter (abgesehen von Gesangsunterricht, bei physiologischen Stimmstörungen oder anderen Störungen im Sprechapparat) selten sinnvoll.

Im Kindesalter unterscheiden sich die Stimmen von Jungen und Mädchen akustisch nicht voneinander. Mit dem Einsetzten der Pubertät entwickeln sich Frauen- und Männerstimmen auf unterschiedliche Art. Bei Frauen wird die

Stimme im Laufe des Lebens eher dunkler. Eine konkrete stimmliche Veränderung findet zum einen in der Pubertät und ein weiteres Mal ca. ab dem 50. Lebensjahr statt. Die erste Veränderung ist der Stimmwechsel. Er ähnelt dem umgangssprachlich Stimmbruch (auch: Mutation) genannten Effekt beim jungen Mann, jedoch verändert sich die Stimme nicht so stark. Bei Frauen sinkt die Tonhöhe ca. um eine Terz, also um drei Halbtonschritte. Das kommt durch die hormonellen Veränderungen, den wachsenden Kehlkopf, die dementsprechend längeren Stimmbänder und durch das Wachstum des kompletten Körpers, also auch durch die Veränderung des »Resonanzraumes Mensch«. Bei der zweiten stimmlichen Veränderung der Frau im Prozess des Älterwerdens und der Menopause ändert sich die hormonelle Situation erneut. Unter anderem verringert sich die Muskelaktivität, und die Beschaffenheit der Schleimhäute, auch die der Stimmbänder im Kehlkopfbereich, verändert sich. Der Kehlkopf sinkt ab, das Ansatzrohr, also der Resonanzraum im Mund- und Rachenraum, wird länger, die entstehenden Klänge dadurch tiefer. Es kann zu Wassereinlagerungen in den Stimmbändern kommen, was dazu führt, dass sie nicht mehr so klar und schnell schwingen können. Auch Knorpelschäden oder Knorpelwachstum und Verschleiß können eine Rolle spielen. Insgesamt verläuft der Stimmwechsel bei Frauen in einer wesentlich geringeren Ausprägung ab, als dies bei Männern der Fall ist.

Mit fortschreitendem Alter werden Frauenstimmen meist tiefer und Männerstimmen höher.

Die Tonhöhe der männlichen Stimme verschiebt sich in der Pubertät um etwa eine Oktave, also um zwölf Halbtonschritte. Mit steigendem Testosteronspiegel wächst der Kehlkopf, kippt nach vorne, und auch die Stimmlippen werden länger und dicker. Dadurch, dass dies nicht gleichmäßig geschieht und der junge Mann somit über ein paar Wochen mit Stimmbändern sprechen muss, die durch die ungleichmäßige Beschaffenheit auch ungleichmäßig schwingen, klingt die Stimme brüchig (daher auch die Bezeichnung »Stimmbruch«), rau und kratzig. Das typische Stimmgeräusch junger Männer in der Pubertät ist Ihnen bestimmt bekannt. Im Alter dann hebt sich bei Männern typischerweise die Tonhöhe an. Das ist auf eine Veränderung des Bindegewebes und der Schleimhautbeschaffenheit zurückzuführen. Die Stimmbänder können zu trocken, zu dünn und immer unbeweglicher und starrer werden. Je dünner und weniger flexibel die Stimmlippen werden, desto höher wird der erzeugte Stimmklang.

Außerdem verändert sich mit dem Alter auch die Atmung. Normalerweise ist das Atmen ein Prozess, der durch Muskeln und Schwerkraft erzeugt wird. Die Schwerkraft ist maßgeblich daran beteiligt, dass sich beim Ausatmen der Brustkorb wieder senkt, und es bedarf der Muskelkraft, den Einatemprozess einzuleiten und den Brustkorb wieder anzuheben, damit sich die Lungen mit Sauerstoff füllen können und der Körper ausreichend versorgt ist. Die Lungen älterer Menschen sind kleiner und weniger elastisch, und auch die Beweglichkeit des Brustkorbes verringert sich. Zum Dehnen und Einatmen muss ein größerer Kraftaufwand erfolgen, als dies bei jungen Menschen der Fall ist. Bei älteren Menschen nimmt aber auch die Muskelkraft ab, was dazu führt, dass sich die Atem- und die Sprechluft verringern. Die Atmung wird angestrengter bzw. anstrengender, und der Luftdruck, der sich für den Sprechvorgang in den Lungen, der Luftröhre und unterhalb des Kehlkopfes staut, ist nicht mehr groß genug, um die Stimmbänder wie oben beschrieben auseinanderzupressen. Dies führt dazu, dass sich der Stimmklang stark verändert. Es kommt zu einer rauen Stimme oder ähnlichen Beschreibungen einer veränderten Stimmqualität. Inwieweit sich die Stimme mit zunehmendem biologischem (nicht kalendarischem) Alter verändert, ist aber nicht nur eine Sache des Alters, sondern auch des allgemeinen Gesundheitszustandes. Bei Menschen, die immer Sport getrieben haben und es noch im Alter tun, gesund sind, einen guten Stoffwechsel und Hormonhaushalt besitzen, ist nicht davon auszugehen, dass sie gleichermaßen an muskulärer Aktivität einbüßen, wie das bei einem unsportlichen Raucher der Fall sein kann. Je fitter und gesünder Sie sind, desto langsamer wird sich Ihre Stimme verändern.

Für Menschen jeden Alters lohnt es sich jedoch, die Stimme weiterhin zu trainieren. Das Bewusstsein, dass ein gutes Gehör eine wichtige Voraussetzung für die Teilnahme am sozialen Leben ist, die man nicht verlieren möchte, ist mittlerweile weitläufig vorhanden. Viel zu selten jedoch wird gleichzeitig auch auf die Stimme geachtet. Dabei gewährleistet auch sie Kommunikation und damit Selbständigkeit. Wie anstrengend es ist, jemandem in einer Gruppe zuzuhören, der nur sehr leise sprechen kann, hat jeder schon einmal erlebt.

Wie die Stimme funktioniert

Was wir als Stimme hören und wahrnehmen, sind Luft-
druckveränderungen der schwingenden Stimmbänder
(aufgrund ihres Aussehens und der Beschaffenheit auch
Stimmlippen genannt). Die Stimmbänder liegen im Kehlkopf direkt auf der Luftröhre, denn um die Stimmbänder
zum Schwingen zu bringen, brauchen wir Luft.

Was man bei Männern als Adamsapfel leicht erkennen kann,
gibt es auch bei Frauen. Der Adamsapfel ist ein Teil des
Kehlkopfes, der bei Frauen einfach kleiner und daher nicht so
deutlich sichtbar ist. Um den Kehlkopf am Hals zu ertasten,
berühren Sie mit Mittel- und Zeigefinger die Mitte Ihres Halses
und machen Sie »aaaahhhhh« (wie beim Hals-Nasen-Ohren-
Arzt). Dort, wo es vibriert, liegen Ihre Stimmbänder, von
einem Knorpel (Schildknorpel) geschützt.

Die Luft kommt aus den Lungen, durch die Luftröhre und
presst die Stimmbänder, die zu Beginn einer Äußerung
normalerweise geschlossen sind oder zumindest eng an-
einanderliegen, auseinander. Dadurch, dass die Luft aus
den Lungen mit einer sehr hohen Geschwindigkeit durch
die Enge gepresst wird, kommt es zu einem physikalischen
Effekt (Bernoulli). Er führt dazu, dass ein Unterdruck
entsteht, der die zuvor auseinander»gesprengten« Stimmlippen wieder zusammenzieht.

Der Bernoulli-Effekt
Diesen Effekt können Sie sehr leicht selbst nachmachen.
Nehmen Sie zwei Blätter Papier und halten Sie sie neben-
einander, sodass sie sich berühren. Pusten Sie von oben

zwischen die beiden Papierblätter, damit sie sich ausein-
anderbewegen.

Die Blätter werden immer wieder angezogen. Dies ist der
Bernoulli-Effekt. Es ist der gleiche Effekt, den wir spüren, wenn
wir an einer U-Bahn-Haltestelle sehr nahe an den Gleisen
stehen und bei der Einfahrt des Zuges unweigerlich an die
U-Bahn herangezogen werden.

Nachdem die Stimmbänder durch den Bernoulli–Effekt
und muskuläre Rückstellkräfte wieder geschlossen wurden, staut sich die Luft aus den Lungen unterhalb der
Stimmbänder, bis der Druck groß genug ist, die Stimmlippen wieder auseinanderzusprengen. Das passiert bei Männern durchschnittlich ca. 110- bis 120-mal in der Sekunde
und bei Frauen ca. 220- bis 240-mal. Dieser Unterschied
ergibt sich unter anderem auch durch die Beschaffenheit
der Stimmbänder, die bei Männern länger und schwerer
sind. Daher schwingen sie nicht so schnell. Aber auch der
Luftdruck unterhalb des Kehlkopfes ist dafür verantwortlich, wie intensiv, also wie laut und hoch der Ton wird,
den wir produzieren. Je stärker der Luftdruck und je
schneller die Luft durch die Stimmbänder schießt, desto
lauter oder höher wird der Ton bzw. die Äußerung. Die
mittlere Grundfrequenz, also die Häufigkeit, mit der sich
die Stimmbänder pro Sekunde öffnen und wieder schließen, liegt bei männlichen Stimmen dementsprechend bei
110–120 Hz und bei weiblichen bei 220–240 Hz (sprich:
Hertz, nach dem deutschen Physiker Heinrich Rudolf
Hertz benannt).

Die Stimme gelangt durch den Hals in den Mund- und
Nasenraum und bahnt sich ihren Weg durch Nase und
Mund nach außen und bestenfalls ins Ohr des Hörers.

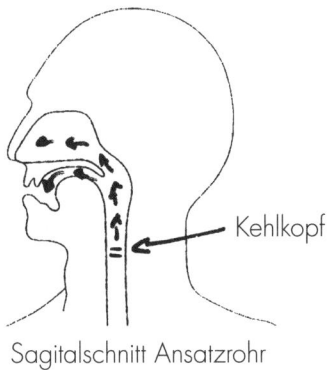

Kehlkopf

Sagitalschnitt Ansatzrohr

Ihre Stimme und Ihr Stimmklang dienen Ihnen als Träger der Informationen, die Sie übermitteln wollen – ob es sich nun um Gesang oder Sprache, Liedmelodie oder Wörter handelt, die Sie an den Hörer weitergeben möchten. Es ist jedoch auch möglich, Informationen weiterzuleiten, ohne dass Stimme beteiligt ist. Dies geschieht beim Flüstern. Hierbei sind die Stimmbänder geschlossen. Ein kleines Dreieck zwischen den zwei Knorpeln, an denen die Stimmlippen befestigt sind, bleibt jedoch geöffnet. So kann die Luft, ohne die Stimmbänder zum Schwingen zu bringen, zwischen ihnen hindurchrauschen.

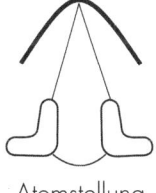
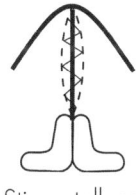
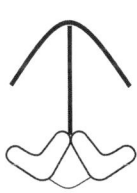

Atemstellung   Stimmstellung   Flüsterstellung

33

Gesang und Melodien allerdings können Sie nicht flüsternd weitergeben, da sie aus unterschiedlichen Tönen bestehen, und die entstehen, wie wir gerade gesehen haben, durch die Schwingungen der Stimmbänder. Da diese beim Flüstern aber nicht schwingen, gibt es keine Töne. Und ohne Töne gibt es keine Melodie.

Ob wir flüstern oder mit Stimme sprechen, ob wir schreien, leise sprechen oder murmeln, steuern wir in der Regel intuitiv durch Muskelanspannung und Muskelentspannung.

Das zeigt sich unter anderem auch in unserem Ausdruck, wenn wir etwas toll oder ganz abscheulich finden. Dann sagen wir »aaaaah« oder »iiiiih«. Beim »aaaaah« weitet sich der Mundraum, und die Lippen sind entspannt und geöffnet. Beim »iiiiih« hingegen ist die Kieferöffnung gering, und die Lippen sind gespreizt. Auch unsere Sprechwerkzeuge sträuben sich förmlich gegen das, was wir da als abscheulich empfinden.

Auch die Körperhaltung hat Auswirkung auf die Stimme.

Da die Stimmbänder an Knorpeln befestigt sind, die durch Muskeln bewegt werden, kann beispielsweise eine verkrampfte Haltung oder eine emotional angespannte Situation auch Auswirkungen auf Ihre Stimme haben. Auch, weil in manchen Situationen das Atmen schwerer fällt als in anderen. Wenn Sie beim Telefonieren, den Hörer zwischen Kopf und Schulter geklemmt, unter den Tisch krabbeln, um Ihren heruntergefallenen Stift aufzuheben, klingen Sie bemühter und atemloser, als wenn Sie in entspannter aufrechter Haltung am Schreibtisch sitzen oder am Fenster stehen.

Dies liegt nicht nur daran, dass das Unter-den-Tisch-Krabbeln anstrengend ist. Bei dem Versuch, den Telefonhörer mit dem Kopf auf die Schulter zu pressen, knicken die oberen Atemwege so heftig ab, dass Sie weniger Luft bekommen.

Der Luftmangel wirkt sich dementsprechend auf die Stimmgebung aus, denn durch die mangelnde Luftzufuhr können sich die Stimmbänder nicht mehr gleichmäßig öffnen und schließen. Sie müssen häufiger ein- und ausatmen, die Sprechweise wird unentspannter. Ihr Stimmklang verändert sich. Um besser zu verstehen, wie sehr sich Ihre Bewegungen auf die Stimme auswirken, probieren Sie doch bitte einmal Folgendes:

1. Sprechen Sie in aufrechter, entspannter Haltung den Satz: »Ich habe eine schöne Stimme.«

2. Ziehen Sie so weit es Ihnen möglich ist das Kinn auf die Brust und sprechen Sie den Satz noch einmal.

3. Legen Sie den Kopf weit in den Nacken und wiederholen Sie den Satz.

Es ist also nicht nur die Stimmlage, die für den charakteristischen Eindruck verantwortlich ist. Auch die physiologische Beschaffenheit des Kehlkopfes und somit auch der Stimmbänder, die Größe des Raumes von den Stimmbändern bis zu den Lippen (dem Mund- und Rachenraum bzw. dem Ansatzrohr), die von Mensch zu Mensch variiert, und auch die Atemtechnik, die für die Intensität, also die Lautstärke der Äußerungen verantwortlich ist, sind ausschlaggebend für den stimmlichen Eindruck.

Töne werden zu Sprache

Beim Sprechen wird der Luftstrom, der durch die Öffnung zwischen den Stimmbändern (Stimmritze) durch den Mund fließt, verformt, und zwar so, dass Lautkombinationen hörbar werden, die in der jeweiligen Sprache einen Sinn ergeben. Dies geschieht durch Bewegungen der einzelnen Sprechwerkzeuge, die auch Artikulatoren genannt werden. Artikulatoren sind Sprechorgane, die konkret an der Erzeugung von Lauten beteiligt sind. Es gibt Artikulatoren, die sich bewegen können bzw. sich bewegen lassen, wie z. B. die Lippen und die Zunge (aktive Artikulatoren), und welche, die sich nicht aktiv bewegen lassen, wie das beispielsweise bei den Zähnen, dem Zahndamm (Wulst hinter den Schneidezähnen) oder dem Gaumen der Fall ist. Man nennt sie passive Artikulatoren.

Bereits durch einfache Bewegungen kann der Luftstrom derart verändert werden, dass ein Wort entsteht.

Sprechen Sie ein »aaah«. Schließen Sie nach kurzer Zeit die Lippen und öffnen Sie sie wieder.
Es entsteht »amamamama«, was das sinnvolle Wort »Mama« ergibt. Aus Stimme und den Bewegungen »Lippen schließen, Lippen auf, Lippen schließen, Lippen auf« entsteht also ein Wort.

Die Lippen können aber nicht nur geöffnet und geschlossen werden. Sie lassen sich auch spitzen. Spitzen Sie Ihre Lippen, wie Sie dies für einen Kuss tun würden, so spricht man von gerundeten Lippen oder »Lippenrundung«. Eine Unterscheidung zwischen gerundeten und ungerundeten Lippen findet sich im Deutschen am Häufigsten bei Vokalen, also bei a, e, i, o und u, und den Umlauten ä, ö und ü.

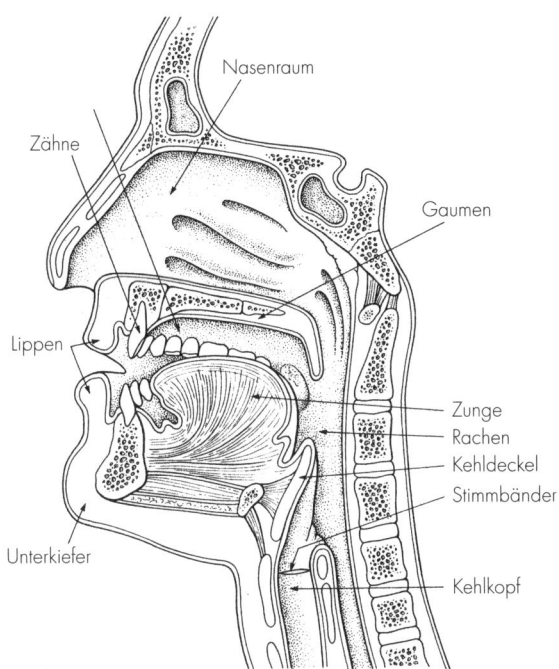

Einfacher Sagitalschnitt der Artikulatoren

Während bei o, ö und u, ü die Lippen eindeutig gerundet sind, trifft das bei a, ä, e und i nicht zu.

1. Sprechen Sie ein »iiiih«. Spitzen Sie nach kurzer Zeit die Lippen. Welchen Laut sprechen Sie? Sie sprechen nun ein »ühhhhh«.
2. Sprechen Sie »oooooh« oder »uuuuh«. Entspannen Sie die Lippen nach kurzer Zeit, sodass keine Lippenrundung mehr vorhanden ist. O oder u ist nun auch nicht mehr wahrnehmbar. Der Laut hat sich verändert.
Der Laut verändert sich, abhängig davon, ob die Lippen gerundet oder ungerundet sind.

Ein weiterer Artikulator ist die Zunge. Man kann mit der Zungenspitze oder mit dem Zungenrücken den Luftstrom verändern und dementsprechend Laute bilden. Beispielsweise geschieht das beim »l«, das mit der Zungenspitze gebildet wird, oder beim »k«, das mit dem Zungenrücken am Gaumen geformt wird. Um ein besseres Gefühl für die Bewegungen der Zunge zu bekommen und dafür, wie sich diese Zungenbewegungen auf die Laute auswirken, können wir mit der Zunge unseren Mundraum erkunden.

Je nachdem, welcher Artikulator sich an welcher Stelle des Mundraumes befindet, und abhängig davon, auf welche Art und Weise die Luft aus dem Mundraum entweicht, entstehen unterschiedliche »Lautklassen«. Das sind Gruppen, die sich durch die Art ihrer Produktion unterscheiden und dementsprechend durch die Weise, auf die der Luftstrom umgeleitet und verändert wird.

Deutlich den Mund zu öffnen, die Lippen und die Zunge zu bewegen hilft dem Gesprächspartner, das Gesagte zu verstehen.

Das Ziel und der Sinn des Sprechens ist, eine Botschaft zu übermitteln: Sie wollen verstanden werden! Darum müssen Sie sich bemühen.

Die Tatsache, dass wir nun wissen, wie wichtig es ist, auf die Bewegungen von Zunge, Lippen und des gesamten Mundraumes zu achten, sollte uns auch bewusst bleiben, wenn wir mit einer anderen Person sprechen. Wir erschweren unserem Gegenüber, uns richtig zu verstehen, wenn wir zu sparsam mit den Bewegungen umgehen. Wenn jemand beim Sprechen kaut oder sich mit den Fingern an den Lippen herumknetet, sie zusammenpresst und wieder auseinanderzieht, kann das dazu führen, dass etwas ganz anderes ausgesprochen wird, als vom Sprecher möglicherweise beabsichtigt war. Der Mensch tendiert zwar zu einer ökonomischen Sprechweise, also dazu, keine unnötigen Bewegungen zu machen, jedoch müssen wir unterscheiden lernen, welche Bewegungen unabdingbar und welche vernachlässigbar sind, und zwar immer im Hinblick auf die jeweilige Situation.

2. Kapitel
Warum tiefe Männerstimmen doch nicht sexy sind …

… oder präziser: eine tiefe Männerstimme allein reicht noch nicht aus, um Frauen in Stimmung zu bringen. Warum sollte aber ein scheinbar genetisch festgelegtes Phänomen, nämlich der Zusammenhang zwischen tiefklingender Stimme und erotischer Ausstrahlung, plötzlich in Frage gestellt werden?

Das kam so: Im Rahmen meiner Abschlussarbeit an der Goethe-Universität in Frankfurt war ich auf der Suche nach einem geeigneten Thema. Damals schlug mir Professor Dr. Greisbach vom Institut für Phonetik vor, doch einmal zu untersuchen, was Frauenstimmen in Männerohren attraktiv klingen lässt. Ich aber wollte mich lieber ein halbes Jahr lang mit attraktiven Männerstimmen beschäftigen und beschloss deshalb zu untersuchen, was Männerstimmen in Frauenohren attraktiv klingen lässt. Professor Greisbach war sofort einverstanden und ich vor allem erstaunt darüber, dass ich die Erste sein sollte, die diese Untersuchungen auf diese Art und Weise vornahm. Was für ein überraschendes Ergebnis ich erhalten sollte, ahnte damals keiner von uns.

Wie später meine Versuchsteilnehmerinnen ging auch ich davon aus, dass Männerstimmen in erster Linie tief sein sollten, um eine positive Bewertung zu erhalten, aber was steckte noch hinter einer attraktiven männlichen Stimme? Psychologischen Untersuchungen zufolge verbinden nämlich Frauen mit einer tiefen männlichen Stimme unbewusst einen hohen Testosteronspiegel und dementsprechend eine ausgeprägte Männlichkeit. Als weitere Attribute eines attraktiven Mannes geben Frauen übrigens eine stattliche Körpergröße von meist über 1,80 Meter an.

Ich startete also eine kleine Befragung, die aber nur wenig Neues erbrachte. Fast alle weiblichen Befragten antworteten: »Eine schöne Männerstimme muss tief sein!« Ja, das hatte ich mir schon gedacht, aber was muss eine männliche Stimme denn noch auszeichnen? So fragte ich nach weiteren Eigenschaften, doch die Frauen antworteten stets, dass die Tiefe einer Stimme bereits so ausschlaggebend sei, dass sie vollkommen ausreichend als Attraktivitätsmerkmal sei. Keine Einzige der Frauen hat angegeben, dass eine männliche Stimme ruhig hoch klingen darf oder wenigsten nicht tief klingen müsse.

Aufgrund der Tatsache, dass die Frauen so einheitliche Antworten gaben, änderte ich mein Vorhaben. Von nun an wollte ich nicht mehr untersuchen, was Männerstimmen attraktiv klingen lässt – denn das schien ja allgemein bekannt –, sondern was genau an tiefen Männerstimmen so attraktiv ist.

Im damaligen Institut für Phonetik der Universität Frankfurt lief folgender Versuch ab:

Ich spielte einer Gruppe von Frauen Männerstimmen vor, die sie anschließend mit Hilfe von Fragebögen bewerten sollten. Dabei waren aber nicht nur tiefe Stimmen, sondern zum Vergleich auch relativ hohe Stimmen zu hören. Die Frauen wurden daraufhin zum Klang der Stimme und zum vermuteten Äußeren des Sprechers befragt. Anhand dieser Bewertungen wurden die Sprecher in zwei Gruppen eingeteilt. Die eine Gruppe war diejenige mit den als weniger attraktiv bewerteten Stimmen, die andere Gruppe setzte sich aus den als attraktiv bewerteten Stimmen zusammen. Die Stimmen wurden dann von mir nach unterschiedlichen Eigenschaften vermessen, angefangen bei der mittleren Grundfrequenz, also der mittleren Stimmhöhe, über die Sprechmelodie bis hin zu den Pausen, der Sprechgeschwindigkeit und noch vieles mehr.

Wer hätte gedacht, dass das Ergebnis so überraschend ausfallen sollte: Männerstimmen müssen nicht unbedingt tief sein, um attraktiv zu klingen! Auch die ho- *Auch hohe Männerstimmen können erotisch klingen.* hen Stimmen hatten deutlich positive Bewertungen erhalten, obwohl die Frauen vorher angegeben hatten, dass eine männliche Stimme unbedingt tief sein müsse. Es ist ohne Frage erstaunlich, dass eine Annahme mit einer so hohen Akzeptanz (bei Männern wie bei Frauen) nicht haltbar ist! Nicht nur meine Reaktion, sondern gerade die Reaktion in den Medien zeigte, wie erstaunlich das Ergebnis dieser Studie ist.

Betrachtet man zunächst ausschließlich die Höhe der einzelnen Stimme, so setzten sich beide Gruppen aus einer guten Mischung aus hohen und tiefen Stimmen zusammen. In der Gruppe der attraktiveren Stimmen war sowohl der Sprecher mit der tiefsten als auch derjenige mit der höchsten Stimme vertreten, und bei den weniger attraktiven Stimmen fanden sich auch tiefe Stimmen. Eine attraktive Stimme muss also mehr besitzen als eine niedrige Grundfrequenz. Nur *was*? Die Ergebnisse meiner Studie zeigten, dass sich eine ausgeprägte Sprechmelodie sehr positiv auf die Zuhörerinnen ausgewirkt hat. Bei der Verwendung von Verzögerungslauten wie »äh«, »ehmmmm« waren sich die Frauen in ihrer Bewertung ebenfalls einig. Je mehr Verzögerungslaute ein Sprecher verwendet, desto negativer wirkt sich das auf seine akustische Attraktivität aus. Bei der Verwendung der Pausen und der Sprechgeschwindigkeit gestaltet sich das Ganze etwas komplexer, denn diese beiden Eigenschaften lassen sich nicht voneinander trennen und müssen vor allem aufeinander abgestimmt sein und ein harmonisches Gesamtbild ergeben. Die Sprecheigenschaften, das ergab die Studie, können sich jedoch auch gegenseitig kompensieren. So erhielt ein Mann mit einer deutlich höheren Stimme, aber einer ausgeprägten (aber nicht übertriebenen) Sprechmelodie eine deutlich bessere Bewertung als ein männlicher Sprecher mit einer tiefen Stimme, aber wenig Sprechmelodie.

Nach der Veröffentlichung meiner Forschungsergebnisse hat ein Fernsehsender den Versuch noch einmal teilweise (in einem nicht ganz so wissenschaftlichen Rahmen) wiederholt und das gleiche Ergebnis erhalten. Im Anschluss an die akustische Bewertung der Stimmen wurden den Frauen, die an der Befragung teilnahmen, die dazugehörigen Männer auf Fotos gezeigt. Die Überraschung war groß! Das optische Bild, das sich die einzelnen Frauen von den Männern gemacht hatten, stimmte in den meisten Fällen überhaupt nicht mit der Realität überein. Der Mann mit der sexy Stimme, der die Knie der Frauen weich werden ließ, war klein und dünn und entsprach viel weniger den Vorstellungen eines attraktiven Mannes als der Versuchsteilnehmer mit der unsicheren und wackeligen Stimme, die deutlich weniger gute akustische Bewertungen bekam.

Was hat nun der Versuch gezeigt? Eine attraktive Stimme ist nicht allein an der Stimmhöhe festzumachen. Vielmehr müssen alle stimmlichen Faktoren zusammenspielen und ein attraktives akustisches Erscheinungsbild ergeben. Immer jedoch wurden den Besitzern von attraktiven Stimmen auch positive optische Eigenschaften zugeordnet, was dazu führte, dass die Beschreibungen, die die Frauen über die Sprecher abliefern sollten, nur selten auch mit den tatsächlichen optischen Erscheinungsbildern übereinstimmten.

Bei den Versuchen wurde aber auch deutlich, dass es eine riesige Kluft zwischen dem gibt, was die Frauen als ihre Präferenz bezeichnen (»Mein Traummann muss eine tiefe Stimme haben!«), und dem, was Frauen als eine attraktive Stimme bewerten.

Konkret bedeutet dies, dass eine tiefe Stimme zwar durchaus als schön bewertet wird, aber nur dann, wenn eben auch das Pausenverhalten, die Sprechgeschwindigkeit, die Verzögerungslaute und vor allem die Sprechmelodie in einem angemessenen Verhältnis zueinander stehen. Weichen mehrere Eigenschaften von den »Standardwerten« ab, beispielsweise eine sehr langsame Sprechgeschwindigkeit oder/und sehr viele Verzögerungslaute, so hat auch eine tiefe Stimme schlechte Karten bei der

Frauen bevorzugen Stimmen, die gelassen, interessiert und selbstsicher klingen – und diese Stimmen können auch hoch sein.

Bewertung. Dies verhält sich aber ganz genauso mit höher klingenden Stimmen. Eine hohe Stimme wird dementsprechend als positiv bewertet, wenn alle Eigenschaften in einem angemessenen Verhältnis zueinander stehen bzw. im »Normbereich« liegen. Daher können auch hohe Männerstimmen, wenn sie die »Ähs« vermeiden und mit einer angemessenen Sprechmelodie sprechen, als attraktiv bewertet werden. Ebenso sollten sich Männer mit tiefen Stimmen nicht auf deren alleinige Wirkung verlassen. Sprechen sie nämlich zu langsam und monoton, hilft auch der schönste Bass nichts.

Was lernt man nun daraus? Dass die Frauen sich von der Vorstellung des Mannes mit der tiefen Stimme als besonders attraktives und maskulines Exemplar seiner Gattung verabschieden können. Und die Männer mit den höheren Stimmen können für sich beanspruchen, zwar nicht wie Joe Cocker zu klingen, aber dennoch reizvoll für das weibliche Geschlecht zu sein.

Aber warum nehmen Frauen bloß an, dass ausschließlich tiefe Stimmen auf sie attraktiv wirken? Manche Frauen behaupteten nach der Versuchsauflösung, dass zwar die meisten der anderen Frauen einem Klischee zum Opfer gefallen seien, sie selbst aber eine Ausnahme darstellten und wirklich ausschließlich dunkle Männerstimmen attraktiv fänden, obwohl die Versuchauswertung auch bei ihnen andere Ergebnisse erbrachte. Es ist, als wollten sie das Ergebnis nicht wahrhaben. Eine Erklärung ist vielleicht, dass tiefe Stimmen beruhigend wirken. Diese Beruhigung ist ein Zeichen dafür, dass sich der Sprecher in der Sprechsituation wohlfühlt. Eine tiefere Stimme vermittelt Gelassenheit und Sicherheit, und zwar dadurch, dass unbewusst wahrgenommen wird: hohe Stimme = Muskelanspannung = aufgeregt. Ein entspannter selbstsicherer Mann hat es bei Frauen aber in der Regel leichter und wird auch positiver bewertet. Doch was diese Studie so interessant macht, ist unter anderem, dass der Eindruck von Entspanntheit eben nicht nur durch die Stimmhöhe vermittelt wird, sondern auch durch die Sprechmelodie,

die Sprechgeschwindigkeit, das Pausenverhalten und die Verzögerungslaute. Aber Vorsicht: Es ist eine Gratwanderung zwischen »beruhigend« bzw. »gelassen« und »einschläfernd« bzw. »monoton«, und diese schaffen einige Stimmen nicht.

… und wann Frauen schön klingen

Nachdem der »Männerversuch« solche erstaunlichen Ergebnisse erbracht hatte, lag das Thema für den folgenden Versuch auf der Hand: »Wann finden Männer Frauenstimmen attraktiv?«

Ich startete also wieder eine kleine Umfrage, diesmal unter Männern: »Wie klingt eine attraktive Frau?« Doch schien es unmöglich, eine pauschale Aussage zu formulieren. Waren sich die Frauen darüber einig, dass eine attraktive Männerstimme tief sein muss, schien eine solche Vorstellung für Frauenstimmen bei den Männern nicht zu existieren. Die Aussagen waren höchst unterschiedlich. Während manche Männer sagten, sie fänden rauchige, dunkle Frauenstimmen erotisch, bevorzugten andere Befragte »weiblich klingende« höhere Stimmen. Die Männer waren sich zwar nicht einig darüber, was genau sie an weiblichen Stimmen attraktiv finden, aber sie stimmten darin überein, wie eine Frauenstimme auf keinen Fall klingen sollte. Schrill sollte die Stimme einer Frau nicht klingen.

Männer haben, wenn sie eine Frauenstimme hören, weniger Vorstellungskraft als Frauen.

Im zweiten Schritt des Versuches wurden – analog zum »Männerversuch« – weibliche Stimmen aufgenommen und männlichen Hörern vorgespielt, die die Stimmen beurteilen sollten. Auch hier manifestierte sich ein deutlicher Unterschied zum ersten Versuch. Während die Frauen bei der Bewertung und Beschreibung der Männer sehr konkrete und detaillierte Vorstellungen hatten, wie der Sprecher aussehen könnte, fiel diese Aufgabe den Männern viel schwerer. Immer wieder beklagten sich einige Teilnehmer im Anschluss an den Versuch, dass sie beim Hören einer Stimme kein konkretes Bild vor Augen hätten, das sich beschreiben ließe. Die männlichen Hörer konnten zwar schnell angeben, ob die Stimme attraktiv klingt, und nahmen dementsprechend auch an, dass die Sprecherin ein attraktives Äußeres besäße; genaue Angaben über die Größe, Augenfarbe, Statur etc. mussten sich die Männer deutlich länger durch den Kopf gehen lassen, als das bei den Frauen der Fall war. Das Ergebnis ist jedoch ebenso interessant: Zwar machen sich Männer im Vergleich zu Frauen kein detailliertes Bild der Sprecherin, sehr wohl aber ist auch für die Männer die Stimme einer Frau entscheidend dafür, ob sie einen attraktiven oder weniger attraktiven Eindruck hinterlässt.

Männer verbinden allerdings eher allgemeinere optische Faktoren wie z. B. Körperbau, Aussehen insgesamt, Gewicht, Alter und Sportlichkeit mit Attraktivität. Über detailliertere Merkmale (z. B. Augenfarbe) oder schnell veränderbare wie Haarlänge, Haarfarbe machen sie sich weniger Gedanken.

Männer bevorzugen Frauenstimmen, die sanft und zart klingen und auf Jugendlichkeit hinweisen.

Die Versuchsauswertung hat gezeigt, dass Männer ebenso viel Wert auf den Klang der Stimme legen, wie das bei Frauen der Fall ist. Sie bevorzugen dabei sanft und zart klingende Stimmen (beruhigende

Stimmen haben nicht signifikant besser abgeschnitten). Als »sanft« und »zart« empfundene Stimmen erhalten gleichzeitig in ihrer Bewertung jugendlichere Attribute, als das für raue Frauenstimmen der Fall ist. Sie werden auch als erotisch beschrieben. Männer verbinden mit einem jugendlichen, also als zart und sanft empfundenen Stimmklang ein optisches Erscheinungsbild der Sprecherin, das sich vor allem durch Jugendlichkeit, Gesundheit und Sportlichkeit auszeichnet.

Beide Versuche haben gezeigt, dass attraktiven Stimmen attraktive Attribute zugeschrieben werden, z. B. dass Männer mit tiefen Stimmen als groß beschrieben und Frauen mit jungklingenden Stimmen erotisch empfunden wurden. Dabei gibt es bisher keine wissenschaftlichen Untersuchungen, die belegen, dass man anhand der Stimme auf die Körpergröße oder Fruchtbarkeit schließen könnte. Das ist nicht möglich. Zwar lässt sich mit einer hohen Wahrscheinlichkeit das Gewicht des Sprechers schätzen (siehe Seite 75), jedoch gibt es zwischen Gewicht und Größe des Sprechers keine zwingende Abhängigkeit. Ein schwerer Mann muss nicht zwangsläufig groß sein und ein leichter Mann nicht zwingend klein. Ebenso kann es vorkommen, dass eine ältere Frau klingt wie eine junge und umgekehrt.

Männer legen mehr Wert auf die Merkmale, die Jugendlichkeit und ein attraktives äußeres Erscheinungsbild ausmachen, als Frauen, weil sie diese untrennbar mit Fruchtbarkeit und Familienplanung verbinden. Das ist evolutionsbedingt festgelegt und funktioniert auch bei Männern, die keinen Familienwunsch haben.

Der amerikanische Psychologe David Buss hat schon vor einigen Jahren Untersuchungen zu genau diesem Themenbereich veröffentlicht. Buss stellte darin fest, dass Männer, da sie zur Fortpflanzung zwingend eine fruchtbare Partnerin benötigen und die Fruchtbarkeitskurve von Frauen altersabhängig ist, auf Äußerlichkeiten achten, um sich der Fruchtbarkeit einer Frau zu vergewissern. Physiologische Merkmale wie glatte Haut, guter Körperbau, gesundes Haar und volle Lippen sowie junges, energiereiches Verhalten werden in direktem Zusammenhang mit Jugendlichkeit und größtmöglicher Fruchtbarkeit gebracht und kommen dementsprechend gut an.

Für Frauen sind diese Bewertungskriterien weniger zwingend. Unter anderem auch, weil die Fruchtbarkeitskurve eines Mannes nicht so ausgeprägt altersabhängig verläuft wie die einer Frau. Deshalb ist sie auch nicht an Äußerlichkeiten festzumachen. Aus diesem Grund legen Frauen bei der Partnerwahl Wert auf andere Merkmale. Souveränität und Selbstsicherheit stehen hoch im Kurs, aber auch beruflicher Erfolg und finanzielle Ressourcen punkten gegenüber den rein optischen Eigenschaften. Woran das liegt, ist bisher noch nicht eindeutig erwiesen: ob die Tendenz möglicherweise darin begründet liegt, dass der strebsame, beruflich erfolgreiche Mann die Frau und die Nachkommen tatsächlich besser ernähren kann, oder ob Frauen sich erst dann zu dem Mann hingezogen fühlen, wenn der Mann diese »Ressourcen« auch bereitwillig teilt?

Dieser Geschlechterunterschied zieht sich erstaunlich konsequent durch viele Kulturen. Wohlgemerkt, obwohl Frauen mittlerweile durchaus selbst in der Lage sind, ihre Familien eigenständig zu ernähren.

Im Gespräch mit dem anderen Geschlecht spielt dieses Wissen eine nicht zu unterschätzende Rolle. Natürlich laufen solche Prozesse unbewusst ab. Wenn Sie mit jemandem beruflich telefonieren, möchten Sie in der Regel kein Kind von ihm oder Ihre Rente gesichert wissen, aber Sie spüren ziemlich schnell, ob Ihnen Ihr Gesprächspartner sympathisch und vertrauenswürdig erscheint und ob Sie ihn für kompetent halten, Ihnen bei der Lösung Ihres Anliegens beizustehen.

Diese positiven Eindrücke können Sie mit Ihrer Stimme begünstigen. Bezogen auf die oben aufgeführten Überlegungen könnte das für eine Frauenstimme bedeuten: Sie werden mehr Sympathien bekommen, Gespräche werden Ihnen leichter fallen und Sie können bereits stimmlich punkten, wenn Sie energiegeladen sprechen und vital klingen.

Für eine Männerstimme im Gespräch mit einer Frau kann das heißen: Je professioneller Sie klingen, je mehr Wert Sie auf Aussprache und Artikulation, auf Stimm- und Sprechweise legen, desto strebsamer werden Sie eingeschätzt werden, was in der Regel zu einer positiven Bewertung führt.

Im Allgemeinen heißt das: Je besser Sie Ihre Stimme kontrollieren können, also je mehr positive Eindrücke durch Ihre Stimme entstehen, desto attraktiver werden Sie empfunden. Wie Sie das im Einzelnen machen, erfahren Sie in Kapitel 7.

Doch vorab noch eine Frage: Warum wollen wir überhaupt attraktiv sein?

Was haben wir eigentlich von der Attraktivität?

Es gibt unterschiedliche Eigenschaften, die dazu führen, dass jemand als mehr oder weniger attraktiv bewertet wird. Aber ist das eigentlich wichtig? Und warum streben wir überhaupt danach, als attraktiv bewertet zu werden? Es gibt doch durchaus noch andere positive Eigenschaften, auf die man stolz sein kann, warum nur dreht sich so vieles in der Welt um die Frage der Attraktivität?

Es geht dabei um viel mehr als lediglich gutes Aussehen und die von Mutter Natur gegebenen körperlichen Merkmale. In früheren Untersuchungen wurde stets festgestellt, dass körperlich besser aussehende Menschen von anderen Testpersonen insgesamt vorteilhafter beurteilt wurden. Es wurde ihnen attestiert, positivere Charaktereigenschaften zu besitzen, als Partner/in eher in Frage zu kommen und auch, dass sie im sozialen Umfeld erfolgreicher sind als diejenigen Personen, die ein weniger ansprechendes Äußeres aufweisen konnten. Attraktiver aussehenden Personen wurde sogar ein größerer beruflicher Erfolg zugeschrieben.

Nun handelte es sich dabei weitgehend um Untersuchungen, deren Inhalt sich auf die statische Attraktivität des ersten Eindrucks beschränkt. Dabei gibt es weitaus mehr Eigenschaften, die einen Menschen attraktiv oder weniger attraktiv erscheinen lassen. Doch die Attraktivität des ersten Eindrucks ist bisher am besten und nachdrücklichsten erforscht worden. Das ergibt sich auch daraus, dass diese Form der Attraktivität relativ gut zu untersuchen ist. Schließlich können Probandentests durchgeführt werden, bei denen den Versuchspersonen nur Fotos vorgelegt werden, die anschließend bewertet werden sollen.

Attraktivität ist nicht eindimensional auf optische Schlüsselreize ausgelegt, sondern setzt sich aus vielen Merkmalen zusammen. Eines davon ist unsere Stimme.

Ein Eindruck, auch ein erster Eindruck, hängt aber in der Regel auch von Gestik, Mimik, Stimme und Sprache der zu bewertenden Person ab. Das lässt sich anhand von Fotos nicht bewerten. Auch kann sich dieser Eindruck über einen gewissen Zeitraum hin verändern und entwickeln. Deshalb spielen viele dynamische, also veränderbare und sich verändernde Eigenschaften ebenfalls eine Rolle, wenn es um die Bewertung von Attraktivität geht, nur wurden sie bisher nicht so eingehend erforscht. Das liegt unter anderem daran, dass statische Eigenschaften leichter zu messen sind als dynamische. Während man optische Merkmale einfacher beurteilen und sogar die Symmetrie eines Gesichtes mit einem Lineal vermessen kann, sind dynamische Faktoren schnell vergänglich, weniger gut reproduzierbar und erheblich aufwendiger zu bewerten. Nichtsdestotrotz spielen sowohl statische als auch dynamische Elemente eine entscheidende Rolle bei der Bewertung von Attraktivität, nicht nur auf einen längeren Zeitraum gesehen, sondern auch auf den ersten Blick.

Kommen wir wieder auf unsere Ausgangsfrage zurück: Was haben wir eigentlich von Attraktivität? Und warum könnte es für uns möglicherweise von Vorteil sein, einen attraktiven stimmlichen Eindruck zu hinterlassen? Genau aus den oben erläuterten Gründen:

Ein attraktiver Eindruck verschafft Sympathien. So einfach ist das Ganze. Sie erhalten positivere Bewertungen, die das Leben einfacher machen. Es ist nicht so, dass Sie darauf angewiesen wären, dass sich jeder Mensch Ihnen gegenüber freundlich und wohlgesinnt verhält, das wäre auch ein bisschen viel verlangt. Aber eine positive Grundeinstellung ist nicht nur schön, sondern birgt viele Vorteile im Umgang mit anderen und sich selbst. Mit einer attraktiven Stimme können Sie sich abheben. Sie können mit Ihrer Stimme bereits beeindrucken, bevor Ihre Optik zum Einsatz kommt. Schon am Telefon haben Sie die Möglichkeit, Ihren Gesprächspartner für sich zu gewinnen. Warum sollten Sie diese Möglichkeit ungenutzt verstreichen lassen?

Eine attraktive Stimme kann auch nicht ganz optimale Äußerlichkeiten kompensieren. Und genau darin liegt das Ziel des Buches: Knacken Sie Ihren persönlichen Sprechcode! Erkennen Sie, was eine Stimme attraktiv macht und wie Sie Ihre Stimme einsetzen können, um damit Ihr ganzheitliches Erscheinungsbild zu verbessern.

Um Sie dahingehend zu sensibilisieren, wenden wir uns kurz Menschen zu, die sich professionell mit Geräuschen beschäftigen.

3. Kapitel:
Die Botschaft der Geräusche

Es ist Nacht. Ein Mann flüchtet über den schmalen Kiesweg eines im Mondschein liegenden Villenanwesens. Von irgendwoher hört man das Rufen eines Uhus, sonst ist es still. Obwohl der inhaltliche Ablauf der Szene eindeutig ist, wirkt sie unglaubwürdig. Der Mann scheint zu fliegen – es sind keine Schritte zu hören. Der Gesamteindruck der eigentlich spannenden Szene wird gestört, weil die zu hörenden Geräusche nicht unserer Erwartung entsprechen. Die Aufnahme von Schritten ist eine der Hauptaufgaben von Geräuschemachern, deren Kunst darin besteht, die Stimmung einer Szene durch den Einsatz der richtigen Geräusche zu unterstützen. Dabei folgt deren Einsatz nicht immer logischen Prinzipien. Manchmal werden auch Geräusche vertont, die eigentlich unsinnig sind, aber unsere Wahrnehmung nicht stören – im Gegenteil. Verfolgungsjagden in Actionthrillern sind so ein Beispiel: Zwei Autos rasen am Strand hintereinander her, die Insassen beschießen sich gegenseitig, und immer wieder ist bei den rasanten Ausweichmanövern und Kurven ein überaus deutliches Reifenquietschen zu hören. Mal ganz ehrlich: Haben Sie jemals versucht, auf Sand oder Schotter die Reifen Ihres Wagens quietschen zu lassen? Nein? Na dann versuchen Sie es ruhig mal. Es wird Ihnen nicht gelingen. Aber zu einer Verfolgungsjagd gehört nun einmal das Reifenquietschen, dieses Gefühl haben offensichtlich nicht nur die Regisseure dieser Filme. Wir, die Zuschauer, verbinden das akustische Ereignis Reifenquietschen direkt mit einer geschwindigkeitsreichen Verfolgungsjagd. Ohne die passende Geräuschkulisse würde das akustische Bild nicht dem entsprechen, was der Zuschauer auf der Leinwand sieht. Das optische und das akustische Bild ergeben zusammen ein Ganzes und komplettieren den Eindruck. Das gilt für Geräusche ebenso wie für Stimmen.

Die Akustik von Geräuschen muss der visuellen Erwartung entsprechen.

Ein 1,70 Meter großer Schauspieler, der auf der Leinwand auf 5,70 Meter vergrößert wird, muss auch klingen wie 5,70 Meter. »Das erwarten die Zuschauer«, sagt Max Bauer. Max Bauer ist von Beruf Geräuschemacher. Er stellt die Verbindung zwischen den Augen, den Ohren und dem Gehirn der Zuschauer her. Die Augen sehen einen 5,70 Meter großen Menschen, der drauf und dran ist, sich Ärger einzuhandeln. Das Gehirn erwartet einen dementsprechenden akustischen Eindruck, und weil dieser von der Kamera und dem Mikrofon nicht geliefert werden kann, da der Schauspieler in Wirklichkeit eben tatsächlich nur 1,70 Meter groß ist, vertont er das Knarzen und das Greifen nach den Lederjacken der Darsteller und die dumpfen Schläge der Schlägerei nach und verleiht ihnen einen lauten und schweren Klang. Er erfindet das Geräusch, das die Schauspieler machen würden, wären sie 5,70 Meter groß. Dieses Geräusch dringt dann zur gleichen Zeit wie im Film in die Ohren des Publikums, und der gewonnene Eindruck ist perfekt.

Auf das Reifenquietschen am Strand wird Max Bauer

häufig angesprochen. Bauer erklärt, dass dies allerdings eher in amerikanischen Produktionen in den 1960er- und 70er-Jahren vorkommt und immer weniger Verwendung findet, aber die Devise für Spielfilme lautet nach wie vor: »Wirkung vor Logik«. Die Wirkung, die durch das schrille Reifenquietschen entsteht, ist nicht leicht durch etwas anderes zu ersetzen. Sicherlich können schnelle Musik oder ein sehr guter Schauspieler die Dramatik und Schnelligkeit einer Szene verdeutlichen, aber das Reifenquietschen schafft den speziellen und einzigartigen Geräuscheindruck. Also werden die quietschenden Reifen verwendet, egal ob das physikalisch möglich ist oder nicht.

Geräuschemacher sind Menschen, die mit Sandkisten, Kieselsteinen, Drähten, Bürsten, Gummiringen, verschiedenen Schuhpaaren und vielem mehr in einem Tonstudio sitzen und die Geräusche von Spielfilmen nachsynchronisieren. Selbst heutzutage, wo sich viele Geräusche synthetisch, also künstlich, erzeugen lassen, bedarf es dieser menschlichen Leistung und natürlichen Klängen, um einem Film ein möglichst glaubwürdiges, akustisches Bild unterlegen zu können. Und auch wenn archivierte Geräusche verwendet werden, müssen sie auf die jeweiligen Bewegungsabläufe zugeschnitten werden. Da ist es manchmal einfacher, sie von Hand nachzumachen, weil dies »organischer und synchroner wirkt«, erklärt Bauer. Wenn beispielsweise in einem Film eine Person zu sehen ist, die eine alte Holztür öffnet, erwartet der Zuschauer das dazugehörende Quietschen, und zwar absolut synchron mit dem Bild. Ist das Geräusch jedoch einmal programmiert, lässt sich nur durch enorm viel Aufwand die zeitliche Abfolge des quietschenden Tons verändern. Doch ein langsames Zufallen der Tür klingt anders als ein schnelles

Quietschen. Für jedes Mal, wenn diese Tür geöffnet oder geschlossen wird, müsste das synthetische Geräusch »umprogrammiert« werden.

Geräusche besitzen wie Sprache einen logischen Aufbau. Geräusche bestehen aus verschiedenen Komponenten und setzen sich aus einer eigenen Syntax, einer bestimmten Reihenfolge, zusammen. Beim Türenquietschen einer zufallenden Tür kommt erst das Quietschen und dann das Geräusch des »Ins-Schloss-Fallens«. Es klingt banal, aber wenn Sie die Reihenfolge umkehren würden, wäre Ihr Ohr und damit auch Ihr Gehirn verunsichert, denn die Reihenfolge stimmt nicht mit dem Bild überein. Für das Türöffen gilt natürlich das Gleiche, erst wird ein typisches Öffnungsgeräusch hörbar und dann – je nach Türart – ein Quietschen. Ändert man die Reihenfolge, ergibt das Ganze keinen Sinn.

Geräusche funktionieren wie Sprachen. Auch sie unterliegen bestimmten Regeln. Werden diese nicht eingehalten, geht die Sinnhaftigkeit verloren.

Geräuschemacher erstellen Geräusche, die dem Zuhörer ein konkretes Bild vor Augen führen. Nicht alle Geräusche, die nachvertont werden, werden durch Originalmaterialien hergestellt. Wie zum Beispiel das Schließen einer Kühlschranktür. Mittlerweile schließen moderne Kühlschränke durch ihre perfektionierten Dichtungsgummis und die neuartigen Bauweisen ziemlich dumpf, beinahe geräuschlos. Allerdings erwartet der Zuschauer etwas anderes. Das Publikum möchte das Klirren der Flaschen hören oder das Vibrieren der metallenen Trenngitter, auf denen der eine oder andere Teller steht. Diese un(ter)bewusste akustische Erwartungshaltung hat wie das Reifenquietschen auf Sand nicht viel mit der Realität zu tun. Schließlich befinden sich in den Kühlschränken heutzutage kaum noch Milchflaschen, die klirrend gegeneinanderschlagen könnten, sondern meist Tetrapacks, und die machen keine Geräusche. Das tatsächliche, moderne Geräusch jedoch ist für den Zuhörer eben kein klischeehaftes Kühlschrankgeräusch, und so behilft sich Max Bauer beispielsweise mit einem Lederkoffer, gefüllt mit Metallenem, auf den er dann mit der flachen Hand schlägt. Das ist also, was unser Ohr, im Zusammenspiel mit dem Bild einer zufallenden Kühlschranktür, als akustisches Pendant zum visuellen Eindruck anerkennt.

Um ein Geräusch nachzuahmen bzw. herzustellen, muss sich der Geräuschemacher zunächst darüber bewusst werden, wie es klingt. Es müssen Adjektive und Beschreibungen gefunden werden. Worte für etwas nicht Sichtbares. Dies ist ein wichtiger Schritte für die Analyse von Gehörtem und bringt uns auch zurück zu unserer Stimme und den Möglichkeiten, die sie uns bietet. Auch Sie müssen zunächst einmal lernen, Ihre Stimme einzuschätzen, zu beschreiben und zu charakterisieren, bevor Sie wissen können, was genau Sie verändern wollen.

Wie klingen Sie?

1. Beschreiben Sie ein Geräusch – zum Beispiel ein Fahrrad, das mit gut aufgepumpten Fahrradreifen über einen Schotterweg fährt. Machen Sie das am besten schriftlich oder mit einem Übungspartner. Bei der Partnerübung muss Ihr Gegenüber das Geräusch erraten.
2. Hören Sie einem Freund, einer Freundin oder einer Fernsehmoderatorin gut zu und fassen Sie in Worte, wie die Stimme klingt und was Sie daran gut bzw. schlecht finden.

3. Nehmen Sie Ihre Stimme auf und fassen Sie – wenn möglich schriftlich – in Worte, wie Ihre Stimme klingt und was genau Sie daran gut bzw. schlecht finden.

Diese Übung schult Ihre Aufmerksamkeit für Stimme und Sprechen. Wenn Sie wissen, wodurch sich Sprecher und Stimmen unterscheiden, und dies in konkrete Worte fassen können, haben Sie sich intensiv bewusst gemacht, worum es geht.

Nur wenige Geräusche, die uns im Alltag umgeben, sind der Natur oder dem Zufall überlassen. Die Industrie verwendet mittlerweile viel Geld und Arbeit bei der Gestaltung der Geräusche, damit diese beim Anwender einen positiven Eindruck hinterlassen. Angefangen bei den Chips, die beim Zerkauen ein Geräusch machen sollen, das hochwertigen und leckeren Genuss verspricht, bis hin zum Türenschließen oder zum Motorengeräusch eines Autos, alles wird von Geräuschdesignern gemessen, bewertet, überarbeitet und gestaltet. Die Türschlösser werden mit Plastik überzogen, die Sitze dumpfer gestaltet, das Blinkgeräusch durch kleine Lautsprecher hörbar gemacht und der Auspuff im Rahmen der Zulässigkeiten variiert. Die Geräusche erfüllen unterschiedliche Zwecke und müssen auf diese Zwecke hin gestaltet werden.

Ende der 1980er-Jahre entwickelten die BMW-Ingenieure einen Sportwagen mit Zwölfzylindermotor, den 850i, bei dem gemäß der damals herrschenden Akustikphilosophie das Motorengeräusch im Fahrzeuginnenraum selbst bei voller Beschleunigung kaum zu hören war, obwohl es sich um ein Sportcoupé handelte. Wenn das Auto schneller als 160 km/h fuhr, schlossen sich automatisch die Fenster und das Schiebedach, um dem Fahrer ein möglichst komfortables und ruhiges Fahrerlebnis zu ermöglichen. Doch trotz dieser scheinbar einmaligen Akustik entsprach der Absatz des Sportwagens nicht den Erwartungen des Unternehmens, und die Produktion wurde schließlich vorzeitig eingestellt. Daraufhin wurde eine Testreihe mit Probanden gestartet. Es stellte sich heraus, dass die potenziellen Käufer von Sportwagen gar kein geräuschloses Fahrzeug wollten, sondern das Motorengeräusch im 850i bei sportlicher Fahrt vermissten.

Wurde das Motorklangbild im Fahrzeug während der Fahrt anhand von für die Probanden unsichtbaren Lautsprechern künstlich lauter und aggressiver gemacht, so waren sogar Experten der Meinung, der Motor wäre getunt und eine deutlich höhere Motorleistung, die sie in die Sitze pressen würde, stünde nun zur Verfügung.

Die Erkenntnis dieses Versuches formuliert Dr. Gerhard Thoma, der das Sounddesign bei BMW leitet, so: »Das akustische Design muss der Optik und dem Charakter des Fahrzeugs entsprechen und konsequent durchgeführt werden!«

Die Kosten (hier: des Fahrzeuges) kommen auch in der Akustik zum Tragen. Je höher der Preis, desto hochwertiger muss die Geräuschkulisse gestaltet werden. Eine Autotür mit durchschnittlich 0,7 cm Stärke, die für gewöhnlich aus Blech ist, würde normalerweise ein schepperndes Geräusch von sich geben, wenn man sie schließt. Nicht so die Autotüren, die von Sounddesignern bearbeitet wurden.

Die von Sounddesignern entwickelte Geräuschkulisse dient dazu, ein Produkt zu emotionalisieren.

»Mit dem Scheppern verbindet der Kunde ›billig‹«, sagt

Thoma. Und was ein Autohersteller suggerieren will, ist in dem meisten Fällen das Gegenteil. Die Fahrzeuge sollen ihren Preis wert und sicher sein, und deswegen erwartet der Kunde ein dementsprechendes Geräusch. Das Zufallen einer Autotür soll so ähnlich klingen wie das satte, dumpfe Schließen einer Tresortür. Es darf daher nicht nachklingen. Deshalb wird ein erheblicher Aufwand gestartet, um alle Fahrzeugteile auf einen Wohlklang abzustimmen.

Auch um die Geräusche im Fahrzeuginnern, die beispielsweise die elektrischen Fensterheber und elektrische Sitzversteller von sich geben, kümmern sich die Sounddesigner. Die kleinen Motoren, die die Sitze verstellen oder die Fenster hoch- und runterkurbeln, müssen so stark sein, dass sie immer ein gleichbleibendes Geräusch erzeugen, das »Solidität vermittelt«. Stellt man sich vor, dass der Motor für die Sitzverstellung bei einer schwereren Person angestrengter klingt als bei einer leichten, so verursacht diese Geräuschveränderung bei der betroffenen Person den Gedanken, dass das Fahrzeug Grenzen hat, obwohl tatsächlich ein lauteres Surren eines Motors noch nichts über dessen Kraft aussagt.

Das Blinkergeräusch ist ein anderes interessantes Detail innerhalb des Sounddesigns. Eine moderne Blinkanlage machte eigentlich gar kein Geräusch, und doch kennt jeder das typische Blinkergeräusch. Es geht auf die ersten Blinkerrelais zurück, die damals noch aus Bimetall bestanden und wirklich dieses Geräusch gemacht haben.

»Es gab Tests, und vom Nordpol bis in den Kongo kann fast jeder Mensch dieses Geräusch identifizieren«, sagt Dr. Thoma. Heutzutage verwenden wir das Blinkergeräusch, um eine Rückmeldung über die durchgeführte Tätigkeit zu erhalten. Das Klacken des Blinkers übermittelt uns die Botschaft, dass der Blinker angeschaltet ist. Es gab bereits Versuche, das Blinkergeräusch zu verändern. Man verwendete ein anderes Geräusch, legte Musik unter oder einen Gong, doch keines der Geräusche konnte eine so hohe Akzeptanz aufweisen wie das ursprüngliche Blinkergeräusch. Die Musik wurde sogar bald als störend empfunden. Das Blinkergeräusch ist eines der vielen Geräusche, das man nicht ständig wahrnimmt und doch vermisst, wenn es auf einmal nicht mehr zu hören ist.

Was hat uns nun der Ausflug in die Welt der Geräusche gezeigt? Dass wir viel mehr auf Akustik achten, als wir annehmen, und dass Geräusche Botschaften aussenden, die uns meist auf einer sehr emotionalen Ebene ansprechen. Diese Wirkung wird bewusst eingesetzt, im Kino wie bei der Wahl eines neuen Autos. Doch nicht nur Kaufentscheidungen machen wir vom akustischen Eindruck abhängig; auch bei der Partnerwahl, im Job, bei der Erziehung, im Sport, in Film und Fernsehen und in vielen Bereichen mehr spielen die Stimme, der Klang und Geräusche eine entscheidende Rolle.

4. Kapitel:
Die akustische Wahrnehmung im Alltag

Das Empfinden, ob etwas gut und schön klingt oder mehr schlecht als recht zu verstehen ist, ist nicht nur von der jeweiligen Sprech- und Hörsituation abhängig und verändert sich im alltäglichen Leben und in den unterschiedlichsten Situationen, sondern wandelt sich auch auf lange Sicht mit der Zeit. Das lässt sich sehr gut anhand der sich entwickelnden Speichermedien für Musik erkennen.

Noch vor 20 Jahren saß man neben seinem Schallplattenspieler und hörte sich die brandneuesten Lieder auf einer gerade erstandenen Vinylschallplatte an. Dabei machte es wenig aus, dass die Lieder ab und an von Knacksern und Rauschen in Mitleidenschaft gezogen wurden. Das gehörte sich so und fiel auch gar nicht weiter auf. Auch die Musikkassette erfreute sich jahrelang großer Beliebtheit. Ein Rauschen hinderte niemanden daran, sich die Kassetten zu bespielen und im Auto, zu Hause oder auf dem Walkman anzuhören. Eine ganze Jugendgeneration nahm mühsam Lieder aus dem Radio auf und verschenkte die so entstandene Musikzusammenstellung an Freunde oder die oder den Angebtete(n). Eine meiner Lieblingskassetten wollte ich gar nicht so häufig hören, aus lauter Angst, dass sich die Qualität verschlechtern würde, wenn ich sie im ständigen Gebrauch hatte.

Heute wird Musik aus dem Internet heruntergeladen und gebrannt, und die Kassetten und Schallplatten sind CDs und MP3s gewichen. Die Zeiten von Knacksern und Rauschen sind vorbei. Mehr noch. Eine weniger gute Qualität fällt sofort auf. Viele Musikliebhaber kaufen sich High-Tech-Lautsprecher, Surroundanlagen und HiFi-Anlagen, um die digital aufbewahrte Musik (und viele haben ganze Festplatten voller Musik über die Jahre angesammelt) gebührend durch die Wohnung schallen zu lassen. Mittlerweile gibt es auch Schallplattenspieler und Kassettenrekorder, die sich an den Computer anschließen lassen, sodass man die alten Vinylplatten und Kassetten auf dem Computer abspeichern kann. Mit aufwendig programmierter Software kann man dann mit einem Knopfdruck versuchen, dass Knacksen aus den Aufnahmen zu entfernen. So hat man die komplette Musik gesammelt und kann frei über sie verfügen, ohne Angst davor zu haben, dass sich die Qualität bei mehrmaligem Abspielen verändert.

Während vor Jahren die Nebengeräusche noch zu den alltäglichen und vernachlässigbaren Geräuschen gezählt wurden, werden genau diese von den Hörern heute nicht mehr toleriert. Durch die technischen Entwicklungen haben wir einen höheren akustischen Anspruch.

Wir machen aber auch dann Störgeräusche für schlechte Qualität verantwortlich, wenn diese gar nicht zu hören sind. Spielte man Testpersonen Sprachbeispiele vor, die aufgrund von unterschiedlichen Begebenheiten, wie zum Beispiel eine zu starke Geräuschunterdrückung oder eine schlechte telefonische Verbindung, schwer verständlich waren, bei denen aber kaum ein oder kein Störgeräusch hörbar oder in der Analyse sichtbar war, gaben die Probanden an, dass die Sprache durch ein Störgeräusch nicht mehr verständlich war. Das Störgeräusch hatten sich die Testpersonen unbewusst hinzugedacht, weil sie eine Begründung dafür suchten, warum sie den Sprecher nur noch schlecht verstehen konnten.

Festzuhalten ist, dass das Gehör höchst sensibel auf Störgeräusche reagiert und wir uns deshalb bemühen sollten, dem Zuhörer die Möglichkeit zu bieten, ohne viel Aufwand und auch schnell das Gesagte zu verstehen. Dabei hat sich auch herausgestellt, dass ein vorhandener Geräuschpegel nur dann als störend empfunden wird, wenn die zu vermittelnden Sprachanteile schwer verständlich sind. Ist aber der Sprachanteil gut verständlich, so wird der Geräuschteppich weitgehend ausgeblendet und stört nicht mehr. Diese Bewertung tritt auf, obwohl das Geräusch deutlich von den Testpersonen wahrgenommen werden kann.

Je mehr Mühe wir uns geben, dem Hörer das Verstehen zu erleichtern, desto positiver ist der Eindruck, den wir beim Sprechen hinterlassen.

Wichtig in diesem Zusammenhang ist, dass die Anstrengung, die wir als Sprecher machen, um gut gehört zu werden, nicht zu hören sein darf. Wir sollten also nicht extrem langsam sprechen oder uns eine unnatürlich deutliche Aussprache antrainieren. Eines der wesentlichen Merkmale, die im Ohr gut klingen und das Verstehen erleichtern, ist die Menschlichkeit in der Stimme und Sprechweise des Sprechers.

Versuche haben nämlich gezeigt, dass Stimmen, die weniger menschlich klingen, schlechter verständlich sind. Das Gehirn ist in der Lage, fehlende Laute »hinzuzurechnen«, z. B. wenn aufgrund von Straßenlärm, Telefonrauschen oder Kindergeschrei nicht das komplette Wort verständlich ist. Das geschieht aufgrund linguistischer Fähigkeiten, die sich unser Gehirn im Laufe des jahrelangen Prozesses des Sprechens und Sprechenlernens angeeignet hat. Eine nicht so menschlich klingende Stimme jedoch wird weniger gut verstanden, wenn sie durch ein Störgeräusch, egal welcher Art, beeinflusst wird. Woran das genau liegt, muss noch weiter erforscht werden, es deutet aber für uns darauf hin, dass wir uns in jedem Fall für eine menschlich klingende und um Verständnis bemühte Sprechweise entscheiden sollten, damit wir bei unseren Zuhörern auf ein positives Feedback stoßen.

Doch nicht nur das Gehör ist für die Sprachwahrnehmung verantwortlich. Um die Zusammenarbeit unserer Sinne bei der Identifikation von Gehörtem zu verdeutlichen, gibt es ein phonetisches Experiment von H. McGurk und J. MacDonald, erstmals durchgeführt 1976, bei dem Probanden ein Film vorgespielt wurde, in dem ein Sprecher die Silbe »ga« ausspricht. Die Mundpartie ist gut zu erkennen, und »ga« ist auch deutlich zu hören, also haben alle Probanden angegeben, dass der Sprecher »ga« ausgesprochen hat. Wie sollte es auch anders sein? Als jedoch die Tonspur verändert wurde, und nun ein laut und deutliches »ba« hörbar wurde, gaben immerhin 98 Prozent der Probanden an, ein »da« gehört zu haben. Jawohl, ein »da«! Es scheint unglaublich und ist tatsächlich ein Meilenstein der psychoakustischen Forschung. Bezeichnenderweise wurden die Ergebnisse dieser Testreihe unter dem vielsagenden Titel »Hearing Lips and Seeing Voices« (im Deutschen etwa: Lippenbewegungen hören, Stimmen sehen)

Optische Reize beeinflussen das Sprachverstehen: Wir hören auch mit den Augen.

veröffentlicht. Der optische Eindruck ist absolut ausschlaggebend für das, was wir hören.

Unser Gehirn verknüpft die eingehenden Sinneseindrücke zu einem Gesamtergebnis. In diesem Fall macht es für das Gehirn wenig Sinn, das optische »ga« mit dem auditiven »ba« zu verbinden. Daher entscheiden wir uns für den Laut, der sich physiologisch gesehen in der Mitte befindet. Während nämlich »ga« mit dem Zungenrücken am weichen Gaumen im Mund gebildet wird (velar, probieren Sie es ruhig aus!), wird »ba« mit beiden Lippen (bilabial, ausprobieren!) gebildet, also ganz vorne am Mund. Das »da« wird mit der Zungenspitze direkt hinter den Zähnen gebildet (alveolar) und liegt dementsprechend zwischen »ga« und »ba«. Das »ba« müsste für die Augen deutlich sichtbar sein, weil die Lippenbewegung maximal und gut sichtbar wäre. Da die Lippenbewegung aber fehlt, fragt sich das Gehirn (etwas vereinfacht): »Was liegt nah am ›b‹, ohne dass ich die Bewegung sehen kann?« Es entsteht der Eindruck, der Sprecher spräche ein direkt hinter dem »ba« liegendes »da«.

Stimmspezialisten auf Täterfang

Kürzlich sah ich in einer amerikanischen Krimiserie, wie eine Tonbandaufnahme des vermeintlichen Täters den Super-Cops zugespielt wurde. Nachdem das Tonband nächtelang abgehört wurde, entdeckte einer der Detektive ein Hintergrundgeräusch, das ihm bekannt vorkam. Der »Spezialist« spielte die Sprachaufnahme in seinen Computer ein, und es wurde ein sogenanntes Oszillogramm sichtbar, das die optische Darstellung der Sprachaufnahme ist.

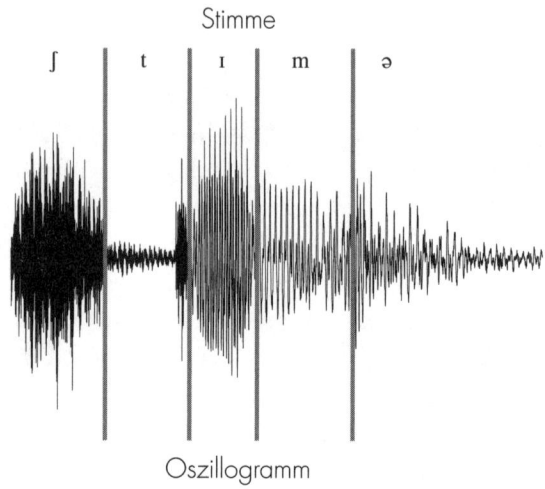

Stimme

ʃ t ɪ m ə

Oszillogramm

Der Spezialist ging ein paar Mal mit der Maus darüber, klickte auf einige Knöpfe, und plötzlich teilte sich das Sprachsignal in zwei Signale auf. In dem einen Bild war jetzt nur das Hintergrundgeräusch zu hören: eine Ansage in einer U-Bahn-Station. Es klang lupenrein und bestens verständlich. Daraus schlossen die Cops, dass der Täter von einem bestimmten Bahnhof aus telefoniert hatte, und auch die Uhrzeit war bekannt, da diese ja durch die Lautsprecher kundgetan wurde.

Leider wurde nicht erklärt, wie die Analyse funktioniert haben soll, es wäre eine bahnbrechende Erfindung für die Sprachsignalverarbeitung! Viele solcher filmischen Beispiele vermitteln dabei ein nicht ganz realitätsnahes Bild der Möglichkeiten und Tätigkeiten der forensischen Stimmspezialisten.

Dabei ist es durchaus möglich, Sprachsignale zu filtern, und das wird auch ständig und häufig gemacht, zum Beispiel bei Freisprecheinrichtungen in Autos. Allerdings werden die Signale nicht lupenrein. Wenn man versucht, sich die oben beschriebene Filmszene vorzustellen, wird deutlich, mit wie vielen Schwierigkeiten solch eine Filterung verbunden ist. Der Täter stand am Bahnhof vermutlich nicht allein, sondern mit vielen Menschen um sich herum, die alle Geräusche machen. Hinzu kommen die nicht von Menschen erzeugten Geräusche. Wir kennen alle den Lärm, der uns aus dem Hörer entgegenschallt, wenn uns jemand aus einem großen, halligen Raum oder von einer Straßenkreuzung aus anruft. Am anderen Ende der Telefonleitung wird es immer schwieriger, den Anrufer zu verstehen. Es gibt also unzählige Stimmen und Geräusche, die alle in die Tonbandaufnahme einfließen und sich häufig auch überlagern. Woher soll nun der Filter wissen, welche Stimme die Stimme der Ansagerin ist und welche Geräusche er wegfiltern kann?

Und um die Stimme der Ansagerin, die vermutlich noch dazu viel leiser, weil weiter weg ist, aus dem Wust von Nebengeräuschen und Hauptgeräuschen herausziehen zu können, muss man ein bestimmtes Basiswissen über Stimmen, Sprache und Technik besitzen. All diese sprachlich relevanten Informationen müssen die Kriminalisten im realen Leben zu äußerst komplizierten Formeln und akustischen Gegebenheiten zusammenfügen, um einen Schritt nachzuvollziehen, der im Film nur Sekunden dauert. Speziell ausgebildete Programmierer und Ingenieure tüfteln teilweise jahrelang an adäquaten und äußerst komplizierten Algorithmen und Abläufen für Sprachprogramme, die solch eine Filterfunktion durchführen können. Es gibt auch die Möglichkeit in solch einem Fall, die Stimme der Ansagerin zu verdeutlichen oder die Sprachverständlichkeit zu erhöhen; dies alles erfordert jedoch von den Stimmforschern eine Unmenge an Wissen und Erfahrung und vor allem Zeit.

Ein wichtiger Arbeitsbereich der forensischen Stimmspezialisten ist die Sprecheridentifikation. Mit ihrer Hilfe können die Kriminalisten feststellen, welche Person innerhalb einer Gruppe von in Frage kommenden Personen/Verdächtigen eine gegebene Äußerung gemacht hat. Bei der Sprecherverifikation soll die Behauptung, eine Äußerung sei von einer bestimmen Person gemacht worden, bestätigt oder verworfen werden, und es kann überprüft werden, ob jemand tatsächlich die Identität besitzt, die er vorgibt zu haben. Das untersuchen die forensischen Phonetiker (Wissenschaftler wie auch Techniker) in Deutschland beim Bundeskriminalamt und in manchen Landeskriminalämtern anhand von Stimme, Sprache und Sprechweise durch unterschiedliche Methoden.

Doch beschäftigen sich die Forensiker und forensischen Phonetiker nicht nur mit Sprache, sondern auch mit Geräuschen (Schüssen, Türenknallen, Straßenbelag etc.) oder der Überprüfungen von gefälschtem akustischem Material. Solche Situationen entstehen unter anderem bei Drohanrufen. Wenn beispielsweise der Anruf aus einem fahrenden Fahrzeug kommt, können die Fahnder das Motorengeräusch analysieren, und wenn sie Glück haben auch die Hintergrundgeräusche oder den Straßenbelag. Anhand der so gewonnenen Informationen können sie den Fahrzeugtyp eingrenzen und auch die Örtlichkeit, an der sich das Fahrzeug befindet.

So viel »Ich« steckt in meiner Stimme!

Wie wir sehen, ist die Entschlüsselung der sprecherspezifischen Eigenschaften der Stimme mit einem großen Aufwand verbunden. Nur mittels genauer Analysen lassen sich Aussagen über unterschiedliche Eigenschaften des Sprechers machen. Doch welche Aussagen sind möglich? Als eindeutiges Kriterium gilt meist zunächst die Bestimmung des Geschlechts, es gibt aber auch hier Fälle, in denen dies nicht eindeutig ist. Hat ein Mann eine extrem hohe oder eine Frau eine sehr tiefe Stimme, kann dies schon mal für Verwirrung sorgen. Das tatsächliche Geschlecht lässt sich jedoch relativ zügig bestimmen, und auch das Alter ist eingrenzbar. Zwar haben Untersuchungen gezeigt, dass sich das Alter eines Sprechers nicht eindeutig am akustischen Eindruck ablesen lässt, aber immerhin ist eine korrekte Einschätzung von +/- zehn Jahren möglich. Auch durch Wortwahl, Satzbau, Akzente und Dialekte lassen sich Stimmen und ihre Sprecher regional und sozial einordnen.

Akzente und Dialekte

In sprachwissenschaftlicher Hinsicht gibt es unterschiedliche Formen und Bedeutungen eines **Akzents**. Unter anderem ist ein Akzent ein Effekt von Ausspracheeigenschaften, die einen Rückschluss auf die regionale und/oder soziale Herkunft des Sprechers zulassen. Hierbei geht es um Aussprachevarianten, also beispielsweise ob jemand »Appel« sagt statt »Apfel« oder »maken« anstatt »machen«. Die Wortwahl und die grammatikalische Struktur der Aussagen fallen allerdings schon wieder unter den Begriff des Dialekts.
Ein Akzent kann jedoch ebenso gut ein Phänomen auf seg-

mentaler Ebene sein, also nur in einzelnen Teilen der Äußerung vorkommen. Es gibt beispielsweise Wortakzente und Satzakzente. Sie können für die jeweilige Sprache bedeutungsunterscheidend, man sagt auch distinktiv, sein oder nicht. Hervorgehoben werden die Akzente unter anderem durch eine Steigerung der Intensität (Lautstärke), der Tonhöhe und der Dauer, was dazu führt, dass ein Laut, eine Silbe oder ein Wort besonders betont werden. Dies kann unter Umständen das gesamte Wort bzw. die gesamte Aussage des Satzes verändern. Das gilt zwar nicht für alle Sprachen, ist aber im Deutschen der Fall. Daher macht es eben auch einen Unterschied, ob jemand das Wort »modern« mit einem Wortakzent auf der ersten oder der letzten (hier: zweiten) Silbe ausspricht:

'modern = verfaulen

mo'dern = neuartig

Die Definitionen des Begriffes **Dialekt** sind um ein Vielfaches komplexer. Beschränken wir uns auf die minimalistische Annahme, dass ein Dialekt eine sozial und/oder regional typische Form einer Sprache darstellt. Diese Form unterscheidet sich von der Ausgangssprache durch Grammatik und Vokabular und geht meist mit einer gesonderten Aussprache, einem Akzent, einher. Der Unterschied zwischen Sprache und Dialekt besteht darin, dass die Dialekte eine Unterkategorie der Sprachen darstellen. Während sich unterschiedliche Sprachen normalerweise nicht oder nur ungenügend untereinander verstehen, sind Dialekte von den Sprechern der Ausgangssprache meist noch verständlich. Jede Sprache (mit einer relativ hohen Sprecheranzahl) weist auch eine Tendenz zur Dialektbildung bzw. zu Dialekten auf.

Es gibt unendlich viele Untersuchungen zu Akzenten und

Dialekten der unterschiedlichsten Sprachen und Regionen und eine belebte Diskussion über ihre Definition(en). Ein ganzer Wissenschaftszweig, die Dialektologie, beschäftigt sich mit der Erforschung, Entstehung und Definition dieses interessanten Themas. Wie Sie mit Ihrem Dialekt im Zusammenhang mit Ihrem akustischen Erscheinungsbild umgehen können, erfahren Sie im praktischen Teil (siehe Seite 129).

Von der Stimme auf Äußerlichkeiten zu schließen ist schwierig. Es gibt einige Untersuchungen darüber, welche Informationen über die physiologischen Eigenschaften eines Sprechers in der Stimme versteckt sind. Doch dieses Forschungsfeld bedarf noch einiger Arbeit, dennoch sind die Anfänge gemacht. Eines der Merkmale, die herausgefunden wurden, ist, dass Männer dazu neigen, mit zunehmendem Gewicht langsamer zu sprechen, Frauen das aber nicht tun. Woran das liegen kann, ist bisher nicht geklärt. Physiologische Ursachen sind kaum zu finden, die nicht auch auf korpulentere Frauen zutreffen müssten. Jedoch gibt es kein Ergebnis, das zeigt, dass dieser Effekt auch bei Frauen auftritt. Die »negative Korrelation«, die in diesem Fall: steigendes Gewicht = langsamere Sprechgeschwindigkeit bedeutet, trifft aber ausschließlich auf Männer zu. Das Gewicht und das Alter von Frauen konnte bisher in keinem der Tests erfolgreich von den Proband/innen eingeschätzt werden. Weiterhin wurde häufig festgestellt, dass eine Stimme dann als attraktiv bewertet wird, wenn sie einen höheren Wert der Intonation, des Tonhöhenverlaufs, aufweist. Verbindet man dieses Wissen mit der Erkenntnis, dass die Sprechgeschwindigkeit bei korpulenteren Männern sinkt, so führt dies zu der Annahme, dass mit sinkender Sprechgeschwindigkeit auch die Sprechmelodie auf der Strecke bleibt und somit eine positive attraktive Bewertung der Stimme immer unwahrscheinlicher wird.

Es gibt auch Eigenschaften, die unser Gehirn fälschlicherweise verwendet, um uns physiologische Eigenschaften des Sprechers zu suggerieren. So wurde bei Tests nachgewiesen, dass eine tiefe Stimme häufig dazu führt (bei Frauen wie auch bei Männern), dass der Hörer einen großgewachsenen Menschen vermutet. Jedoch gibt es bis heute keinen Nachweis darüber, dass eine hohe Körpergröße zwangsläufig mit einer tiefen Stimmlage, also einer niedrigen Grundfrequenz, verbunden ist. Genauso wenig haben Menschen mit durchschnittlich kleineren Körpern vorhersagbar hohe Stimmen.

Kann ich meine Stimme trainieren, damit sie attraktiver wird?

Ja! Natürlich können Sie das, und es ist ja wahrscheinlich auch einer der Gründe, weshalb Sie sich dieses Buch gekauft haben!

Wie sich das jedoch so verhält mit Fähigkeiten, die man verbessern will, muss man auch beim Stimmtraining zum einen wissen, wie es funktioniert, zum anderen müssen Sie bereit sein, Schritt für Schritt Ihr Können zu verbessern. Das erfordert Geduld. Hat man sich das Ziel gesetzt, einen Marathon zu laufen, schnallt man sich als ungeübter Läufer auch nicht gleich die Sportschuhe unter die Füße und läuft 42,3 Kilometer, sondern man trainiert Lauf für Lauf und steigert sich von Etappe zu Etappe. Auch können beim Stimmtraining Übungen nützlich sein, die zunächst vielleicht nicht so aussehen, als seien sie für das gewünschte Ergebnis notwendig. Formel-1-Rennfahrer fahren im Training auch nicht nur ihre Runden, sondern machen zusätzliches Kraft- und Ausdauertraining. Zwar mag es so aussehen, als bräuchten sie nicht unbedingt Muskelpakete, um ihre Wagen durch die Schikanen zu steuern, doch immense physikalische Kräfte, die im Auto auf die Fahrer treffen, müssen vom Fahrer abgefangen werden, und dabei müssen Muskeln trainiert werden, die vielleicht nicht auf den ersten Blick zur Rennfahrerei nötig erscheinen. Ebenso verhält es sich mit dem Sprechen. Es reicht nicht aus, einzelne Wörter hundertmal zu wiederholen. Es müssen spezielle Übungen gemacht werden, damit sich die Muskeln stärken und daran gewöhnen können – auch wenn Ihnen diese Übungen anfangs ungewohnt oder albern erscheinen mögen. Aber viele Dinge, die man zum ersten Mal macht, können einem zunächst etwas seltsam vorkommen. Die erste Yogastunde, das erste Mal Tennis, Squash, Fußball oder Reiten war wahrscheinlich auch ungewohnt und führte zu Lachern. Lachen ist erlaubt, keine Sorge. Lachen entspannt, und das ist immer gut für uns! Sie werden sich an die Übungen gewöhnen, ganz bestimmt!

Hierfür ist es einerseits wichtig zu wissen, wie der Sprechakt und die Stimmgebung funktioniert, und zum anderen, welche beteiligten Körperteile und sprachlichen Eigenschaften überhaupt geschult werden können.

Es gibt physiologische Voraussetzungen, die sich nicht so leicht verändern lassen, z.B. lassen sich einige krankhafte Veränderungen im Stimmapparat (wie Polypen oder andere gut- und bösartige Verwachsungen) nur durch chirurgische Eingriffe beheben. In solchen Fällen oder wenn Sie Schmerzen beim Sprechen oder Atmen haben, müssen Sie sich an einen Arzt wenden. Nur durch Übung und Schulung der Muskulatur lassen sich keine Krankheiten des Sprechapparates beseitigen.

Was aber möglich ist, ist, mit den Ihnen eigenen körperlichen Voraussetzungen zu trainieren und diese zu optimieren, damit Sie einen stimmlich positiven Eindruck hinterlassen können.

Es ist allerdings so, dass die Stimme und das Sprechen zwei verschiedene Dinge sind, die wir im Folgenden genauer betrachten.

5. Kapitel:
Stimme – unsere akustische Visitenkarte

Das Stimmbild, das wir abgeben, setzt sich aus vielen unterschiedlichen Komponenten zusammen, vieles davon ist ausbaufähig. Als trainierbare Merkmale gibt es zum einen die richtige und bewusste Atmung, die entscheidend für eine entspannte Stimme ist. Zum anderen gehört die Stimmlage, also die für uns charakteristische Tonhöhe, die beim entspannten Sprechen entsteht, zu den Komponenten, die geschult werden können. Die Lautstärke, die Dynamik der Sprechmelodie, die Sprechgeschwindigkeit und die Verwendung von Pausen und Verzögerungslauten gehören ebenso zur sprachlichen Gestaltung wie die gepflegte und deutliche Aussprache und der richtige Tonfall.

Bedenken Sie, dass Rauchen Ihrer Stimme schadet! Vielleicht glaubt der ein oder andere, dass die Stimme dadurch männlicher oder erotischer klingt. Tatsache ist allerdings, dass Raucher um durchschnittlich zehn Jahre älter geschätzt werden, als sie tatsächlich sind. Auch als Nicht- und Passivraucher sollten Sie wissen, dass trockene und verqualmte Luft die Stimmbänder austrocknet und sie rau und kratzig macht.

Da Sprache und Stimme zwei sehr schnell vergängliche Dinge sind, ist es schwierig, sich im Nachhinein selbst zu korrigieren. Es ist schon nicht ganz leicht, einen Übungspartner zu bitten, einem ein Feedback zu geben, aber das ist weitaus realistischer als eine Eigenbewertung. Das Beste und vielleicht Einfachste ist allerdings die Wiedergabe Ihrer Stimme durch ein Aufnahmegerät. Keine Angst: Sie benötigen kein teures Equipment, wie man dies in einem Tonstudio hätte. Mittlerweile gibt es Handys mit Aufnahmefunktion, es gibt MP3-Player mit integrierter Möglichkeit zur Aufnahme oder Computer mit eingebauten Mikrofonen. Aber auch Kassettenrekorder (sofern Sie noch einen besitzen), Minidisc oder DAT sind willkommen. Oder Sie nehmen sich auf Video auf, viele digitale Fotoapparate besitzen eine Videofunktion. Hauptsache, der Ton wird aufgenommen!

Machen Sie sich zunächst einmal mit den Übungen vertraut. Die Übungsvorschläge können auch jederzeit ohne größeren Aufwand im Büro praktiziert werden. Sich im Jogginganzug bei einer Tasse Tee auf die eigene Stimme zu konzentrieren ist zwar gut, jedoch sollten Sie auch in der Umgebung üben, in der Sie oft und auch professionell sprechen.

Wie auch im Sport beginnen wir mit dem **Aufwärmen** derjenigen Muskeln, die wir ab heute trainieren wollen und deren Kräfte und Können wir jetzt konkreter einsetzen möchten.

1. Lockern Sie die Kiefermuskeln, indem Sie ein paar Mal den Mund auf- und zumachen, ihn von links nach rechts schieben und ihn dann für zwei bis drei Sekunden offen

hängen lassen. Schließen Sie den Mund wieder, indem Sie die Lippen nur leicht wieder aufeinanderlegen.

2. Beißen Sie mit den oberen Zähnen auf die Unterlippe und anschließend mit den unteren Zähnen auf die Oberlippe. Machen Sie dies vier- bis fünfmal, aber bitte nicht zu fest!

3. Schließen Sie die Lippen, blasen Sie eine Wange auf und schieben Sie die Luft in die andere Wange und wieder zurück.

4. Lockern Sie nun die Zunge. Fahren Sie zwei- bis dreimal mit der Zungenspitze am Innenrand Ihrer oberen und unteren Zähne entlang und versuchen Sie Ihre Zähne zu zählen. Sind noch alle da?

5. Lecken Sie fünf- bis sechsmal um Ihre Lippen und bewegen Sie die Zunge so schnell es geht vom rechten zum linken Mundwinkel und wieder zurück.

Das sieht lustig aus, ist aber hilfreich.

Jetzt sind Sie bereit!

Atmung

Nicht nur durch Stottern, Versprecher oder viele »äääähs« und »ehms« bemerken wir, wenn ein Sprecher angespannt ist. Ein untrainierter verspannter oder sogar verkrampfter Sprecher atmet weniger physiologisch. Das kann sich auf diverse Art und Weise ausdrücken. Manche Sprecher tendieren dazu, in einer angespannten Situation unglaublich schnell und viel zu sprechen und die Atmung zu vernachlässigen. Es entsteht ein Missverhältnis von Sprache und Atmung, und die Sprechphasen sind deutlich länger. Die Atmung wird schnappartig, was dazu führen kann, dass auch die Zuhörer nach Luft schnappen, weil sie das Gefühl haben, selbst in Atemnot zu gelangen. Das Denken und Sprechen wird zudem auch immer schwieriger, je geringer die Sauerstoffzufuhr wird. Es gibt also mehr als einen guten Grund, die Atmung nicht zu unterschätzen und sie zu trainieren.

Eine nicht optimale Atmung ist nicht nur für den Sprecher ungemütlich, sondern vermittelt dem Zuhörer den Eindruck, man selbst als Sprecher fühle sich unwohl oder stehe unter Druck.

Jeder kleinste Muskel und jede geringfügige Verspannung kann sich auf unsere Körperhaltung und damit auf unsere Atmung auswirken. Wenn wir schwere Lasten tragen, können wir uns so verkrampfen und den Oberkörper anspannen, dass wir kaum noch Luft bekommen. Aber neben körperlicher Anstrengung können uns auch Aufregung oder Schreck den Atem nehmen, oder uns bleibt der Atem weg, wenn wir voller Begeisterung eine Geschichte zum Besten geben wollen.

Setzen wir dagegen unsere Atmung gezielt ein – wenn wir z. B. unmittelbar vor einer Kraftanstrengung richtig ausatmen –, können wir unsere Muskelkraft zentrieren und schaffen es, selbst schwere Lasten zu tragen.

Die richtige und gezielte Atmung ist auch die Basis für eine gesunde und wohlklingende Stimme. Aufgeregtheit und Anspannung haben zur Folge, dass die Stimme nicht mehr richtig klingen kann. Dem können Sie durch bestimmte Übungen entgegenwirken. Natürlich kann durch die gute Vorbereitung einer Sprechsituation (z. B. wenn Sie eine Rede halten müssen) eine übermäßige Aufgeregtheit oder Verkrampftheit vermieden werden. Wenn Sie sich dessen, was sie sagen wollen, sicher sind, können Sie die Atempausen besser planen und kommen nicht so schnell außer Atmen. Neben der inhaltlichen Vorbereitung auf eine Rede sollten Sie sich aber auch um Ihre Stimme kümmern.

Ruheatmung

Eine Form der Atmung ist die Ruheatmung. Sie wird auch Vitalatmung genannt, weil ihre hauptsächliche Aufgabe darin besteht, uns am Leben zu erhalten. Sie verläuft unbewusst und meist durch die Nase. Es geht hier im Wesentlichen um die Sauerstoffaufnahme, die möglichst effizient gestaltet werden soll. Die Atmung versorgt unser Blut und damit auch das Gehirn mit Sauerstoff.

Im Prinzip gliedert sich die Vitalatmung in Einatmung, Ausatmung und Atempause und ist die Art der Atmung, die wir ausführen, wenn wir schlafen oder, wenn wir keine weiteren körperlichen Aktivitäten ausführen. Bei einer ruhigen Atmung atmen wir zwischen zehn- und zwanzigmal die Minute ein und aus. Einmal ein- und ausatmen ist ein Atemzyklus. Während wir 40 Prozent der Zeit eines ruhigen Atemzyklus einatmen, verwenden wir 60 Prozent der Zeit zum Ausatmen. Bei der Sprechatmung dagegen atmen wir lediglich zehn Prozent der Zeit ein. Die restlichen 90 Prozent atmen wir aus, wobei wir während des Ausatmens sprechen. Diese unterschiedliche Verteilung ergibt sich daraus, dass der Sauerstoffbe-

Bei der physiologisch korrekten Atmung weitet sich der Brustkorb, er soll sich nicht heben! Die Schultern und der Brustkorb bleiben gesenkt. Durch die Weitung des Brustkorbs können sich auch die Lungenflügel dehnen und haben somit die Möglichkeit, sich maximal mit Sauerstoff zu füllen.

darf im Ruhezustand verhältnismäßig gering ist. Bei erhöhter körperlicher Aktivität steigt er an. Bei einer korrekten Ruheatmung senkt sich das Zwerchfell beim Einatmen, was zur Folge hat, dass sich der obere Bauch leicht wölbt. Das Zwerchfell ist ein großer Muskel, der die Bauchhöhle von der Brusthöhle trennt. Senkt sich das Zwerchfell, wölbt sich der Bauchraum leicht nach oben und der Brustkorb weitet sich: Luft kann in die Lungen einströmen.

Atmung findet in den Körperregionen Zwerchfell, Rippen und Brustkorb statt, und Sie sollten all diese Bereiche auszunutzen und sich zugänglich machen und bewusst steuern.

Übungen für die Vitalatmung

Machen wir uns zunächst mit den unterschiedlichen Atemregionen vertraut. Für alle folgenden Übungen legen, setzen oder stellen Sie sich bequem und entspannt hin.

1. **Zwerchfell**: Legen Sie die Hände um Ihren Bauchnabel und »riechen« Sie die Luft durch die Nase ein. Lassen Sie die Luft auch wieder durch die Nase entweichen.
Spüren Sie, wie sich beim Einatmen der Nabel hebt, also der Bauch wölbt, und beim Ausatmen senkt.
Achten Sie darauf, dass:
— Sie den Bauch nicht künstlich anheben oder verspannen,
— Sie nicht die Schultern und/oder den Brustkorb anheben,
— sich die Bauchdecke durch die Atmung wölbt,
— Sie diese Übung wiederholen, bis Sie ein Gefühl für die Bewegung Ihres Bauches bekommen.

2. **Rippen bzw. Flanken**: Legen Sie die Hände auf die

unteren Rippen und »riechen« Sie die Luft durch die Nase ein. Lassen Sie die Luft auch durch die Nase wieder entweichen. Spüren Sie, wie sich die Flanken beim Einatmen weiten. Achten Sie darauf, dass:

– Sie die Rippen nicht anheben, sondern seitlich weiten,
– Sie nicht die Schultern und/oder den Brustkorb anheben,
– Sie fühlen, wie die angelegten Hände von den Rippen nach außen bewegt werden,
– Sie diese Übung wiederholen, bis Sie ein Gefühl für die Bewegung Ihrer Flanken bekommen.

3. **Brustkorb**: Legen Sie die Hände auf den Brustkorb unterhalb der Brust und »riechen« Sie die Luft durch die Nase ein. Lassen Sie die Luft auch durch die Nase wieder entweichen. Spüren Sie, wie sich der Brustkorb beim Einatmen weitet. Achten Sie darauf, dass:

– sich der Brustkorb nicht hebt, sondern nach außen weitet,
– Sie die Schultern und den Bauch entspannt ruhen lassen und nicht bewegen,
– Sie diese Übung wiederholen, bis Sie ein Gefühl für die Atembewegung haben.

Es ist wichtig, dass Sie die unterschiedlichen Atemregionen immer wieder trainieren und dass Sie sich mit diesen vertraut machen. Das benötigt gar nicht viel Zeit und kann überall geschehen, im Auto, im Büro und oder in der Warteschlange im Supermarkt.

Als Nächstes legen wir die Atemregionen zusammen.

4. Legen Sie eine Hand auf den **Brustkorb**, die andere auf den **Bauchnabel,** und »riechen« Sie die Luft ein. Spüren Sie,

wie Sie das ganze körperliche Repertoire ausnutzen, um Sauerstoff zu »tanken«.

Achten Sie darauf, dass:

- sich Ihre Hände in die richtige Richtung bewegen. Bei der Einatmung wölbt sich der Bauch, die Rippen dehnen sich nach außen und der Brustkorb hebt sich,
- Sie die Bewegung der Flanken überprüfen, indem Sie die Hand, die auf dem Brustkorb liegt, zu den Flanken hin bewegen,
- Sie sich der Korrektheit Ihrer Atembewegung versichern,
- die Schultern gesenkt bleiben,
- Sie entspannt sind und ganz ruhig atmen,
- Sie die Übung so lange wiederholen, bis Sie ein Gefühl für die Gesamtheit und Flüssigkeit der Bewegungen bekommen,
- Sie sofort aufhören, wenn Ihnen schwindelig ist. (Das ist ein Zeichen, dass das Mengenverhältnis von Ein- und Ausatmung nicht stimmt und Sie nicht komplett entspannt atmen.)

Sprechatmung

Die Sprechatmung ist anders gegliedert als die Ruheatmung. Das variiert zwar ein wenig von Sprecher zu Sprecher, aber die Ausatemphase ist stets wesentlich länger als bei der Vitalatmung. Das hat einen einfachen Grund: Da wir die Ausatmung zum Sprechen nutzen, ökonomisieren wir den Luftstrom, der uns das Sprechen erlaubt. Geübte Sprecher und auch Sänger können die Atmung so perfektionieren, dass sie dieses Verhältnis sogar noch vergrößern. Die Sprechatmung geschieht durch Mund und Nase und verläuft in der Regel geplant und bewusst. Durch Atempausen und eine gute Sauerstoffversorgung halten wir sprachliche Sinngebilde zusammen und trennen gedankliche Absätze.

Die trainierte Atmung eröffnet Ihnen den Weg in eine wirkungsreichere Sprechweise. Nicht zuletzt dadurch, dass eine sinnvolle Atmung die Sauerstoffversorgung des Gehirns und damit die Denkfähigkeit garantiert. *Um mit der Sprechweise und Ihrer Stimme einen gezielten Eindruck entstehen zu lassen, müssen Sie das Atmen üben.* Die Einatmung muss kurz, geräuschlos und intensiv geschehen, damit Sie beim Sprechen genug Raum, Zeit und vor allem Luftstrom zur Verfügung haben. Die Gestaltung des Luftstroms, vor allem aber den Einsatz und die Menge der Ihnen zur Verfügung stehenden Luft, sollten Sie üben. Je besser und ökonomischer Sie planen und sprechen können, desto wirkungsreicher wird Ihre Rede sein und desto besser werden Sie verstanden werden.

Sie können bereits mit einem geringen Druck die Stimmbänder zum Schwingen bringen. Mit je weniger Druck Sie sprechen, also je weniger Luft Sie zum Sprechen verwenden, desto länger wird die Luft ausreichen, um zu sprechen. Der Kehlkopf wird nicht übermäßig strapaziert, und Sie werden nicht heiser. Wenn Sie ökonomisch sprechen, müssen Sie keine ungeplanten Pausen einlegen, weil plötzlich das Atemvolumen nicht mehr ausgereicht hat.

Durch das Beibehalten von Sinnzusammenhängen und einer vollen, sicher klingenden Stimme vermittelt die ökonomische Sprechatmung einen professionellen Eindruck Ihrer Sprechweise. Sie klingen gut.

Übungen für die Sprechatmung

Die Atmung lässt sich mit verhältnismäßig geringem Aufwand steuern. Die Übungen vermitteln Ihnen ein besseres Gefühl für Ihre Atmung und führen dazu, eine ökonomische Sprechatmung zu automatisieren.

1. Atmen Sie tief ein. (Denken Sie daran, dass die Schultern und der Brustkorb nicht angehoben werden!)

2. Halten Sie die Luft kurz an und pusten Sie die ganze Luft langsam auf »ssssss« wieder aus.

Versuchen Sie dabei, langsam, aber deutlich hörbar auszu-atmen, und haushalten Sie ganz bewusst mit Ihrer Luft.

Wiederholen Sie die Übung ein paar Mal, bis Sie mit dem »ssssss« einen gleichmäßigen und andauernden Luftstrom halten können.

Nächster Schritt: Beim Ausatmen auf »ssssss« schließen Sie ab und zu die Lippen und unterbrechen so den Luftstrom.

Machen Sie sich bewusst, wann genau und wie der Luftstrom unterbrochen wird. Spüren Sie, wie sich beim Schließen der Lippen der Luftstrom im Mund staut.

2. Übung

a. Atmen Sie durch die Nase ein und wieder aus.

b. Atmen Sie durch den Mund ein und wieder aus.

c. Atmen Sie durch die Nase ein und durch den Mund wieder aus.

d. Atmen Sie durch den Mund ein und durch die Nase wieder aus.

1. Führen Sie die Übungen a) – d) mit jeweils mehreren Wiederholungen durch. Wiederholen Sie die Übungen, bis Sie ein Gefühl für den jeweiligen »Atemweg« bekommen haben.

2. Führen Sie alle Übungen a) – d) hintereinander durch.

Bleiben Sie dabei entspannt, und konzentrieren Sie sich auf die Reihenfolge des Ein- und Ausatmens. Hören Sie umgehend auf, falls Ihnen schwindelig oder schlecht wird!

3. Übung

1. Legen Sie die Hand auf den oberen Bauch, und atmen Sie tief ein. (Denken Sie daran, dass die Schultern und der Brustkorb nicht angehoben werden!)

2. Pusten sie nun, wie beim Ausblasen einer Kerze, die Luft stoßweise heraus. Und zwar so lange, bis Sie keine Luft mehr haben.

3. Warten Sie einen kurzen Moment, bevor Sie wieder einatmen.

Spüren Sie, wie die Bauchdecke federt. Konzentrieren Sie sich auf die Federung, und wiederholen Sie die Übung, bis Sie ein gutes Gefühl für die Bauchdeckenbewegung haben.

Die Kerzenübung

Verwenden Sie unterschiedliche »Atemspannungen«; nutzen und variieren Sie dazu die Anspannung der Bauchdecke:

1. Stellen Sie mehrere Teelichte angezündet in einer Reihe auf einen Tisch. Gehen Sie von Kerze zu Kerze, und pusten Sie die Kerzen der Reihe nach aus. Wie viele Kerzen schaffen Sie? Versuchen Sie, sich die Luft besser einzuteilen, und starten Sie von vorne.

2. Gehen Sie einen Schritt rückwärts und wiederholen die Übung. Versuchen Sie, auch gedanklich den Luftstrom auf die jeweilige Kerze zu lenken.

3. Stellen Sie die Teelichte in einem Kreis auf. Je nach Anzahl der Teelichte sollten diese so angeordnet sein wie auf einem Geburtstagskuchen.

Löschen Sie die Kerzen mit einem kräftigen Puster aus. Verwenden Sie dabei einen gleichmäßig kräftigen Luftstrom, setzen Sie ihn nicht ab. Versuchen Sie Ihr Ergebnis zu verbessern.

Die Spannung, die Sie nun wahrscheinlich schon gemerkt haben, nennt man Atemstütze. Sie ist im Prinzip die Luft, die wir zum Sprechen verwalten können. Je nachdem, wie stark diese Stütze ist, lassen sich Äußerungen in die Länge ziehen oder in der Lautstärke und dem Timbre, also vereinfacht gesagt der Stimmfärbung, variieren. Die Stimme klingt dann kräftig und weniger zittrig. Durch die Atemstütze ist es uns möglich, genau zu kontrollieren und zu entscheiden, wie viel Luft wir für den Sprechvorgang verwenden.

Die Korkübung

»Susi, sag mal saure Sahne!« Mit einem Korken im Mund diesen Satz zu sprechen haben viele schon einmal versucht. Diese Übung ist landläufig bekannt und wird gerne genommen, um das Sprechen zu schulen. Die hier etwas abgewandelte Korkübung lässt sich gut tabellarisch dokumentieren und zeigt somit Ihre Fortschritte bei der Sprechübung.

1. Stecken Sie sich einen Korken zwischen die Zähne und atmen Sie tief ein.
2. Schließen Sie nun Ihre Lippen um den Korken.
3. Bauen Sie einen Luftdruck auf, mit dem Sie den Korken aus dem Mund pusten können, halten Sie ihn aber mit den Zähnen und den Lippen fest.
4. Öffnen Sie plötzlich Lippen und Zähne.
5. Markieren Sie die Stelle, an der der Korken gelandet ist, und versuchen Sie es erneut.

Probieren Sie, den Atemluftdruck hinter dem Korken zu erhöhen, bevor Sie ihn fliegen lassen. Je weiter der Korken fliegt, desto kräftiger ist Ihre Atemstütze. Beobachten Sie Ihre Ergebnisse über mehrere Tage. Sie werden sehen, dass sich die Weite, die der Korken zurücklegt, mit ausdauernder Übung erhöht.

Stimmlage

Jeder Mensch hat eine ihm eigene Stimmlage, mit der er sich am wohlsten fühlt. Diese physiologische Sprech-stimmlage (auch: Indifferenzlage) ist die Stimmhöhe, die Ihren Stimmlippen und Ihrem Kehlkopf am wenigsten Arbeit verursacht und die Sie eigentlich stets verwenden sollten. In dieser Lage ist Sprechen nicht nur möglich, son-dern auch besonders angenehm und wenig belastend. Der Kehlkopf ist relativ entspannt und abgesenkt, die Muskeln sind ebenfalls entspannt, und der Luftdruck aus der Lunge ist hoch genug, die Stimmlippen zum Schwingen zu brin-gen. Dadurch, dass der Kehlkopf nicht angespannt ist, sinkt er unwillkürlich ab, der Resonanzraum zwischen Stimmbändern und Lippen vergrößert sich, die Stimm-bänder schwingen entspannter, und die Stimme klingt tiefer und voller und ist für den Zuhörer besser verständ-lich.

Viele Menschen verändern aber ihre Stimmlage in be-stimmten Situationen. Manche Sprecher pressen, wenn sie erregt sind, ihre Stimme nur so heraus. Bei Frauen klingt das häufig schrill, bei Männern dagegen wird die Stimme dann eher knarrend. Häufig verändert man die Stimme auch, wenn man besonders freundlich und zuvorkommend klingen will, aber auch bei Ärger und Zorn kann das der Fall sein. Daher ist es wichtig, dass Sie sich in solchen Situationen selbst kontrollieren. Machen Sie eine Pause beim Sprechen, und kehren Sie in Ihre eigene Stimmlage zurück, bevor Sie weitersprechen.

Sind Sie sehr angespannt und merken, dass Ihre Stimme ungewöhnlich hoch, gepresst, knarrend oder schrill klingt, ist es höchste Zeit, sich kurz zurückzunehmen und sich darauf zu konzentrieren, die eigene Stimme wieder zu entspannen.

Das starke Abweichen von Ihrer Sprechstimmlage ist anstrengend für Sie und auch für Ihre Sprechwerkzeuge. Gerade in Situationen, in denen Sie viel sprechen, sollten Sie versuchen, immer wieder zu Ihrer Sprechstimmlage zurückzufinden. Versuchen Sie auf keinen Fall, die Stimmlage künstlich zu verändern. Wenn Sie freundlich oder professionell klingen wollen, senken Sie Ihre Tonlage nicht auffällig ab. Auf Dauer werden Ihnen das Ihre Stimmbänder übel nehmen. Ein professioneller Eindruck entsteht wie von alleine, wenn man mit seiner eigenen Stimmlage spricht, denn sie allein besitzt Festigkeit und dadurch häufig mehr Ausdrucksstärke.

Außerdem fallen unterschiedliche Stimmlagen dem Zuhörer auf. Stellen Sie sich vor, Sie befinden sich in einem Geschäftsgespräch und erklären mit fester, künstlich gesenkter, »professioneller« Stimme, weswegen Sie beschlossen haben, den Finanzplan auf eigene Faust zu ändern. Ihre Chefin zeigt sich nicht begeistert von Ihrem Vorschlag und verwickelt Sie in ein unangenehmes Gespräch. Wenn Sie nun die Stimme wieder anheben, um freundlich zu erscheinen und damit die Gunst Ihrer Vorgesetzten wieder zu erlangen, entsteht alles andere als ein professioneller Eindruck. Bleibt Ihre Sprechstimmlage jedoch konstant und natürlich, kann der Hörer die Authentizität der

Stimme hören und weiß (bzw. denkt zumindest), dass man Ihnen Glauben schenken kann.

Das anhaltende Verstellen Ihrer Stimme bzw. Ihres Stimmklangs kann auch zu pathologischen Störungen führen, Ihre Stimme kann rau und hart oder schrill werden. Wenn Sie dagegen Ihre natürliche Tonhöhe trainieren und entwickeln, wird sich das positiv auf Ihr Sprechverhalten auswirken. Das Sprechen wird gleichzeitig weniger anstrengend.

Übung: Finden Sie Ihre persönliche Sprechstimmlage

Um Ihre Sprechstimmlage zu finden, müssen Sie körperlich so entspannt wie möglich sein. Das lässt sich durch ein paar Übungen erreichen. Dabei haben wir uns auf alltagstaugliche Möglichkeiten beschränkt, da Sie in einem Großraumbüro wahrscheinlich nicht die Möglichkeit haben, eben mal einen Yoga-Sonnengruß hinzulegen.

Übung zur körperlichen Entspannung (ca. fünfmal wiederholen):

Es geht darum, zwischen Anspannung und Entspannung unterscheiden zu können. (Nach Jacobson)

1. Atmen Sie tief durch die Nase ein und durch den Mund wieder aus, ohne die Schultern anzuheben.

2. Schließen Sie erst eine und dann die andere Hand zu einer Faust. Zählen Sie bis fünf und entspannen Sie wieder. Vergessen Sie dabei nicht, ruhig zu atmen!

3. Pressen Sie die Zunge gegen den oberen Gaumen und lassen Sie sie wieder fallen.

4. Pressen Sie die Oberschenkel aneinander. Zählen Sie bis fünf und entspannen Sie wieder.

Ruhige Atmung!

5. Stellen Sie Ihre Beine im rechten Winkel auf. Heben Sie die Fersen an, sodass Sie im Sitzen »auf den Zehenspitzen« stehen. Heben Sie die Fersen so hoch es geht an, zählen Sie bis fünf und entspannen Sie wieder.

6. Ziehen Sie Ihre Stirn in Falten und entspannen Sie wieder.

7. Pressen Sie Ihre Lippen aufeinander und entspannen Sie wieder.

8. Wiederholen Sie 1. (wenn möglich mit geschlossenen Augen) und achten Sie ganz bewusst darauf, dass:

a. die Zunge entspannt ist,

b. der Hals entspannt ist,

c. der Blick (die Augen) entspannt sind,

d. die Schultern locker sind.

Versuchen Sie, die Entspannung im Körper zu fühlen.

Sie sind jetzt entspannt, aber stark und tatkräftig. Diese Erkenntnis lassen wir nun in die Stimme einfließen.

Übungen zur Entspannung des Sprechapparates und der Stimme (jeweils ca. fünfmal wiederholen):

Wie bei allen Übungen ist es sinnvoll, sich auf Band aufzunehmen. Nur so hat man wirklich eine Kontrolle, ob man selbst in der Sprechstimmlage spricht oder von ihr abweicht. Je mehr Sie üben, desto leichter werden Ihnen die Übungen fallen und desto wohler fühlen Sie sich mit Ihrer Sprechstimmlage.

1. Stellen Sie sich vor, Sie stimmen mit jemandem überein. Schließen Sie die Lippen und machen Sie ein langes, wenn möglich emotionsloses »mmmmhhhhh«.

Sie spüren ein Kribbeln im Mund- und Nasenraum?

Die Tonhöhe, die Sie immer wieder gleichbleibend und ohne Anstrengung treffen, ist Ihre Indifferenzlage.

2. Erweitern Sie die Übung 1, indem Sie währenddessen den Mund öffnen und kauend »mmmjomm, njammmm, mnjimmm« sprechen.

3. Legen Sie die flache Hand auf Ihr Brustbein, und seufzen Sie das »mmmmmhhhh«, während Sie mit der Tonhöhe in einem Bogen von ganz oben nach ganz unten gehen.

An dem Punkt, wo Ihr Brustkorb am meisten vibriert, liegt Ihre Indifferenzlage.

4. Versuchen Sie zunächst, kurze Worte in der Sprechstimme zu sprechen. Hierfür sprechen Sie: »mmmmmmhhhh-richtig!« oder »mmmmmhhh-genau!« und »öhmmmmm-eins!«

Achten Sie darauf, dass Sie durchweg das Kribbeln spüren.

5. Sprechen Sie (z. B. beim Gemüseschneiden, Kochen oder im Auto) mit sich selbst in Ihrer Sprechstimme. Üben Sie auch, gegen Geräusche anzusprechen. Sie können durch einen günstigeren Atemfluss lauter sprechen, ohne sich zu weit von Ihrer Sprechstimmlage zu entfernen.

Die Sprechstimme ist Ihre eigene Tonlage. Sie ist nicht Ihre Sprechmelodie. Unabhängig von der Tonlage, können und sollten Sie dennoch die Sprechmelodie variieren!

Je wohler Sie sich in Ihrer Sprechstimmlage fühlen und je vertrauter sie Ihnen ist, desto besser können Sie sie im Alltag anwenden und trainieren. Es ist möglich, sich in jeder Situation auf seine eigene Stimmlage zu besinnen und zu ihr zurückzukehren. Wenn Sie sich nur ab und an einfach einmal selbst korrigierend die Frage stellen: »Spreche ich immer noch in meiner mir eigenen Stimmlage?« und die Stimme anschließend gegebenenfalls wieder anpassen, sind Sie einer schonenden Sprechweise schon ein ganzes Stück näher gekommen.

Lautstärke

Die Indifferenzlage bietet die Basis für einen reinen Stimm-klang und ein möglichst unangestrengtes Sprechen, ist aber keineswegs eine statische Größe. So kann man, wie in der letzten Übung bereits geschehen, die Lautstärke, also die In-tensität, einer Stimme verändern. Allerdings tendieren die meisten Menschen dazu, bei einer höheren Intensität die Stimme gleichzeitig mit anzuheben. Häufig ist das ein Pro-blem bei Menschen in »sprechenden« Berufen, z. B. bei Er-ziehern, Lehrern und Professoren, denn das Sprechen wird zwangsläufig anstrengender. Sprecher, die ihre Stimmlage anheben und somit »höher« klingen, sobald sie lauter spre-chen, beanspruchen ihre Stimme stark, sind aber dadurch meist weniger gut zu verstehen. Man kann aber durchaus lauter sprechen, ohne gleichzeitig höher zu werden. Es ist sinnvoll, ein gut abgestimmtes Maß zwischen Intensität und Stimmlage zu finden, mit Hilfe dessen jeder im Raum ver-stehen kann, was Sie mitteilen wollen, ohne dass Sie an die Grenzen Ihrer stimmlichen Belastung gehen müssen.

Das Anheben der Stimmlage strengt den Kehlkopf und die Stimme zusätzlich an, und die Stimme ermüdet schnel-ler als in der Sprechstimmlage. Das muss aber nicht sein, denn auch hierfür gibt es Übungen, mit denen man das intensivere, also lautere, Sprechen trainieren kann.

Bei diesen Übungen kann ich nur empfehlen, dass Sie sich auf Band aufnehmen, denn dann können Sie anschlie-ßend am besten beurteilen, ob Sie:

- wirklich laut genug gesprochen haben,
- in Ihrer Indifferenzlage gesprochen haben,
- gut verständlich waren oder ob Sie überdeutlich gesprochen oder genuschelt haben.

Die folgenden Übungen sollten aus der Indifferenzlage heraus trainiert werden. Wir gehen also zunächst davon aus, dass Sie bereits einige der obengenannten Übungen absolviert haben und Ihre Stimmbänder »eingeschwungen« sind. Das Ziel, das wir anstreben, ist eine Steigerung der Intensität, ohne dabei den Energieaufwand zu erhöhen oder die Kehlkopfmuskulatur unangemessen zu belasten. Durch das koordinierte Verhalten und den bewussten Umgang soll die Belastbarkeit der Stimme verbessert werden.

Übungen zum intensiveren Sprechen

1. Legen Sie die Hand auf den Bauch, um Ihre Atmung zu kontrollieren, und atmen Sie tief durch die Nase ein und durch den Mund wieder aus, ohne die Schultern anzuheben.

2. Sprechen Sie laut und deutlich »hepp, hepp, hepp«. Lassen Sie sich Zeit, Sie haben keine Eile!
Achten Sie dabei darauf, dass sich während des kurzen Vokals (»e«) Ihre Bauchdecke nach innen bewegt. Ihre Hand kontrolliert diese Bewegung. Als Referenz erfühlen Sie Ihren Bauch, wenn Sie lachen. Die Bewegung soll die gleiche sein.

3. Versuchen Sie, den Vokal und das Wort zu verändern: »hopp, hopp, hopp; Sepp, sepp, sepp; mit, mit, mit« etc. Verändern Sie dann den Vokal innerhalb des Wortes und sprechen Sie: »hopp, hepp, hupp; sipp, säpp, süpp; kipp, kapp, kopp« etc.

4. Werden Sie so laut, wie Sie nur können. Denken Sie daran, dass Sie nicht die Stimmlage anheben, sondern nur die Intensität, also die Lautstärke! Kontrollieren Sie die Bewegung mit der Hand auf Ihrem Bauch. Die Bewegung sollte federnd sein, die Schultern bleiben gesenkt und unbewegt.

5. Sprechen Sie nun auch Silben, die auf einem Vokal beginnen, also: »app, app, app; epp, epp, epp; opp, opp, opp« etc.

Achten Sie darauf, dass der Vokal kurz, prägnant und kräftig ist. Stimme und Atemluft kommen aus dem Bauch (Kontrolle durch die aufliegende Hand), nicht aus dem Hals. Die Lautstärke ist hoch, die dafür verwendete Stimmlage ist relativ tief. Verwenden Sie Ihre Sprechstimmlage. Sie sollen nicht schreien, aber wenn möglich mit einer deutlich überdurchschnittlichen Intensität sprechen. Der Vokal im Anlaut soll klar verständlich sein, es soll nicht »gepresst« klingen.

Sie können die Übungen auch mit Körperbewegungen kombinieren, beispielsweise mit Wippbewegungen in den Knien. Wenn Sie diese Übungen zu zweit machen, können Sie sich gegenseitig einen Ball oder Stift oder Sonstiges zuwerfen, das hilft der besseren Koordination der einzelnen Bewegungen.

Sie werden bemerken, dass es eine Grenze gibt, ab der Sie die Lautstärke nicht mehr erhöhen können, die aber bereits deutlich hoch ist. Diese Intensität ist die für Sie angemessene laute Stimmstärke. Jeder Mensch hat eine individuelle Grenze, die sich trainieren lässt, dies aber nur bis zu einem gewissen Grad.

Sprechmelodie

Folgende Situation: Sie sitzen im Publikum und hören einem wenig interessanten Vortrag zu. Ihre Gedanken schweifen ab. Sie denken an die Einkäufe oder den bevorstehenden Urlaub, an die Kinder oder daran, dass Sie schon ewig nichts mehr gegessen haben und es nun mal langsam Zeit wird. Plötzlich schrecken Sie hoch, irgendetwas hat Ihre Aufmerksamkeit auf sich gezogen, doch Sie wissen nicht, was. Unwillkürlich lassen Sie die letzten Sekundenbruchteile Revue passieren, und nun wird Ihnen bewusst: Der Redner hat eine Frage gestellt. Und er schaut Sie an! Direkt in die Augen. Leider wissen Sie weder, was er gefragt hat, noch wie Sie darauf antworten könnten. Sie werden rot. Die Zeit drängt. »Wenn ich doch nur wüsste, was er gerade gesagt hat!« Ihre Gedanken winden sich und … er wendet sich von Ihnen ab und spricht weiter. Es war nur eine rhetorische Frage, um die Aufmerksamkeit des Publikums zu erhalten oder wiederzugewinnen! Und es hat geklappt! Die melodiöse Gestaltung seiner Sprechweise, seine Sprechmelodie, hat Sie aus den Gedanken geholt.

Was aber genau verstehen wir unter dem Begriff »Sprechmelodie«?

Die Sprechmelodie wird auch Intonation genannt. Sie ist im Prinzip der Tonhöhenverlauf, während Sie sprechen. Sie sprechen ja nicht immer nur in einer Tonhöhe. Das wäre, was man als monoton bezeichnet. Eine lebhafte, interessierte und interessante Sprache lebt unter anderem vom Variieren der Sprechmelodie.

Wir haben in der Schule gelernt, dass man am Ende des Satzes, wenn ein Punkt kommt, die Stimme senkt. Wenn ein Fragezeichen den Satz beendet, dann heben wir die Stimme an. Das alles ist Sprechmelodie. Die Melodieführungen des alltäglichen Sprachgebrauchs haben alle einen bestimmten Sinn und Zweck. Sie unterstützen den Inhalt des Gesagten und die Absicht des Sprechers. Will der Sprecher erzählen, berichten oder eine Anmerkung machen, so hat er eine andere Sprechmelodie, als wenn er ermahnt oder auffordert, schimpft oder lobt. Die gewählte Satzmelodie beinhaltet Informationen, die der Sprecher an den Zuhörer weitergibt. Beispielsweise impliziert die Melodie Angaben über die Haltung und Absicht des Sprechers oder darüber, ob die Äußerung nach einer Pause noch weitergeht (angehobene oder gleichbleibende Satzmelodie) oder bereits beendet ist (Senken der Satzmelodie).

Die Intonation ist abhängig von der Intention, also vom Sinn dessen, was durch Sprache und Sprechweise übermittelt werden soll. Eine bewusste und sinnvolle Benutzung der Sprechmelodie erleichtert dem Zuhörer das Verstehen.

Der Hörer nimmt diese Tonhöhenschwankungen sehr sensibel wahr. Unserem Gehör entgeht nichts. Jede Variation der Sprechmelodie (sowie auch der Sprechgeschwindigkeit, Aussprache, Pausen oder Verzögerungslaute) wird vom aufmerksamen Hörorgan des Menschen wahrgenommen und verarbeitet. Spricht der Sprecher monoton, trifft das auf weit weniger positive Resonanz, als das bei einer lebhaften intonationsreicheren Sprechweise der Fall ist.

Vielleicht ist Ihnen bereits aufgefallen, dass ich die Wörter »Satzmelodie« und »Sprechmelodie« nicht synonym verwende. Das liegt daran, dass beide Begriffe voneinander zu trennen sind. Während die Satzmelodie Aufschlüsse über den jeweils gesprochenen Satz gibt, steht der Begriff der Sprechmelodie für die charakteristische Melodieführung eines Sprechers während einer gesamten Äußerung, z. B. einer Rede.

Es gibt drei maßgebliche Formen der Satzmelodieführung. Wie in dem Beispiel bereits erklärt, wird eine steigende Melodieführung, also ein Anheben der Stimme zum Ende des Satzes hin, für Fragen verwendet:

»Wie heißt du nochmal?«

Aber auch zum abschließenden Nachfragen nach einem Gedankengang (ohne fragesatztypische Satzstellung oder Fragewort):

»Ich nehme an, das ist jetzt allen klar geworden?«

und als spannungserhaltendes Element:

»und als wir dann an der Klippe ankamen, …«

kann sie verwendet werden. Selten, aber dennoch möglich ist die Verwendung bei extrem höflichen Aufforderungen, wie beispielsweise:

»Folgen Sie mir bitte!«

Eine sinkende Melodieführung findet sich bei Aussagesätzen:

»Ich habe Hunger.«

und Feststellungen:

»Morgen ist Sommeranfang.«

Sie kennzeichnet das Ende eines Gedankenganges und löst die Spannung. Anhand der sinkenden Satzmelodie kann der Hörer erkennen, wann eine Sinneinheit beendet ist, und sich auf eine neue Information einrichten. Häufig haben Aussagen mit dieser Melodieführung einen informativen Charakter. Aber wir kennen diese Satzmelodie auch aus den Befehlsformen und Sätzen, die eine Aufforderung beinhalten:

»Setz dich endlich hin!«,

und auch im Gebrauch von Fragesätzen ist in einem speziellen Fall eine Kombination aus steigender und sinkender Satzmelodie anzutreffen. Dies lässt sich bei Fragen mit Auswahlmöglichkeiten beobachten und anwenden:

»Wollen Sie lieber Sekt oder Selters?«

Die gleichbleibende Satzmelodie hat häufig einen verbindenden Charakter. Sie verweist darauf, dass die Äußerung noch nicht beendet ist:

»Ich gehe heute noch ... (zum Friseur),«

Auch Anreden, gedankliche Anfänge und Einleitungen werden mit einer gleichbleibenden Satzintonation gesprochen:

»Schön, dass Sie alle kommen konnten.«

Die Sprechmelodie ist die Komposition aus verschiedenen Satzmelodien. Die Sprechmelodie einer spontanen Rede oder eines vorbereiteten Vortrags enthält nicht nur Sätze gleicher Satzmelodieführung, sondern es gibt Fragesätze und vielleicht sogar Befehle, es gibt Aufforderungen und spannungserhaltende oder -erzeugende Elemente und vieles mehr. Jede dieser Satzarten impliziert eine eigene angemessene Satzintonation, und somit entwickelt sich die Sprechmelodie, also die gesamte Bandbreite der Melodieführung über den kompletten Zeitraum einer Äußerung hinweg.

Hierzu gehört allerdings noch ein wesentlicher Punkt: die Akzentuierung. Wie oben schon kurz erwähnt, macht es bereits einen Unterschied, auf welcher Silbe man ein Wort betont. Dasselbe gilt auch für Sätze. Die Satzakzentuierung verändert den Sinn einer Äußerung und hebt für die Aussage des Satzes Wichtiges hervor:

• Der Proviant und das Benzin *müssen* für eine Woche reichen. (Es muss unbedingt reichen, denn mehr haben wir nicht dabei und können auch sonst nicht ausweichen.)

• Der Proviant und das Benzin müssen für *eine* Woche

reichen. (Danach können wir Proviant und Benzin auffüllen.)

• Der Proviant *und* das Benzin müssen für eine Woche reichen. (Beides muss reichen, ohne das eine oder das andere geht es nicht.)

Die Satz- und die Sprechmelodie sollten ganz bewusst so gewählt und angewendet werden, dass der Inhalt und die Absicht einer Äußerung deutlich werden. Dazu gehört auch, dass wir unbedingt versuchen sollten, Übertreibungen zu vermeiden.

Ein Beispiel dafür, dass eine Überhöhung der Sprechmelodie sogar dazu führen kann, dass die Zuhörer einen schlechter verstehen statt besser, ist die Sprechweise im Flughafenalltag.

»SchöngutenTagmeineDamenunHerrnmeineCrewundichbegerüßenSierechtherzlichanBorddesFlugs703vonMünchenachHamburgwirsindbereitsinStartpositionunderwartendieFreigabevomTower…«

Flugbegleiter klingen häufig nasal (also durch die Nase, wie wenn man Schnupfen hat) und sprechen mit einer Sprechmelodie, die ein einziges Auf und Ab darstellt. Die Sprechmelodie ist keinesfalls auch nur annähernd dem zu übertragenden Sinn angepasst, was zur Folge hat, dass die Fluggäste nicht zuhören. Dies passiert sicherlich nicht, weil man die Fluggäste ärgern will oder weil man es satt hat, immer das Gleiche sagen zu müssen. Im Gegenteil: Die Flugbegleiter geben sich Mühe, ganz besonders freundlich und höflich zu klingen, dabei verändern sie die eigene Tonhöhe in ein andauerndes Auf und Ab, das sich durchaus als Singsang bezeichnen lässt. Außerdem wird meist viel zu schnell gesprochen, und die grammatikalischen Strukturen werden vollkommen missachtet. So kann man als Zuhörer überhaupt nicht mehr identifizieren, wann ein Gedankengang beendet bzw. eine Information vollständig ist.

Sicherlich lässt sich eine überhöhte Sprechgeschwindigkeit gelegentlich mit Zeitdruck erklären, jedoch ist gerade dann eine Beachtung der Sprechmelodie absolut unabdingbar, wenn man die Zuhörer wirklich informieren möchte.

Sprechgeschwindigkeit

Die Sprechgeschwindigkeit ist die Anzahl an Silben pro Sekunde, die gesprochen werden. Wohl gemerkt, tatsächlich gesprochen werden und nicht die Anzahl an Silben pro Sekunde, die vielleicht in einem Redemanuskript stehen. In der spontanen Sprache, also wenn nicht wortwörtlich vor- oder abgelesen wird, gehören Reduktionen wie das »Verschlucken« von Silben zur Normalität. Die meisten Menschen sprechen z.B. »habm« oder sogar »hahm« anstatt »haben« und machen somit aus einem zweisilbigen ein einsilbiges Wort.

Die durchschnittliche Sprechgeschwindigkeit eines Sprechers ist individuell verschieden. Wenn die Sprechgeschwindigkeit extrem langsam oder aber sehr schnell ist, kann das unter Umständen die Verständlichkeit einer Rede und Aufnahmebereitschaft der Zuhörer beeinflussen. Ist das Sprechtempo außerordentlich zügig, kann es passieren, dass die Sprechwerkzeuge im Mund nicht schnell genug sind. Es kommt zum Verschlucken von sinntragenden Silben, ganzen Wörtern, Schmatzern und ähnlichen Erscheinungen, die das Verständnis stark beeinträchtigen können.

Dagegen ist bei einer sehr langsamen Sprechgeschwindigkeit das Verstehen zwar gewährleistet, jedoch werden die Zuhörer nicht lange bei der Stange bleiben. Die Aufmerksamkeit lässt unweigerlich nach, wenn das Sprechtempo zu langsam wird.

Nicht immer wird das Sprechtempo bewusst gestaltet. Zorn, Wut und Erregtheit erhöhen in der Regel das Sprechtempo, während Trauer, Enttäuschung und Unsicherheit eher zu einer Verlangsamung führen. Das Sprechtempo kann aber bewusst eingesetzt werden, um den sprecherischen Ausdruck zu verstärken. Eine schnellere Sprechgeschwindigkeit in der gesamten Aussage kann anzeigen, dass der Sprecher etwas sehr Wichtiges hervorbringen und sich nicht unterbrechen lassen möchte. Bei emotionalen Themen können wir die Sprechgeschwindigkeit anziehen und ein wenig schneller sprechen.

Wenn wir professionell sprechen wollen, sollten wir allerdings Merkmale der eigenen Emotionalität einem bestimmten Thema gegenüber – bewusst oder unbewusst eingesetzt – vermeiden und versuchen, die Sprechgeschwindigkeit sachlich, das heißt der Situation angepasst, zu halten. In der Regel gehen Sie mit einer mittleren Sprechgeschwindigkeit immer auf Nummer sicher.

Ihre Zuhörer erkennen schnell, wann Sie aufgeregt sind, was Sie beruhigt, wann Zorn oder Freude in Ihrer Stimme mitklingen – Informationen, die Sie vielleicht nicht Ihren Mitarbeiten oder Kunden preisgeben möchten. Eine Ausnahme stellt das bewusste Einflechten von emotionalen Bezügen in ein professionelles Gespräch dar. Wenn Sie beispielsweise Ihrem Chef oder Ihren Mitarbeitern das Gefühl vermitteln wollen, dass Ihr Herzblut an einer Sache hängt, dann können Sie die Sprechgeschwindigkeit erhöhen. Ihre

Zuhörer werden, obwohl Sie den Wortschatz nicht verändern, das Gefühl bekommen, dass Sie eine emotionale Bindung zu der Thematik haben.

Pausen

»Nullacht tausend zweimal die Drei und vierzig«, sagt der Sprecher im Radio eine Telefonnummer an, die mir zunächst völlig unklar erscheint. Sind nun die Ziffern 0 8 1000 33 40 gemeint, und der Sprecher verwendete das Wort »und« als Konjunktion? Auch denke ich zunächst, dass er das Wort »ein« vor tausend weggelassen hat, wie das umgangssprachlich häufig der Fall ist. Ein Blick auf die Internetseite des Rundfunksenders schafft Klarheit. Die tatsächlich gemeinte Telefonnummer ist die »Null achttausend zweimal die Dreiundvierzig«, also 08000 43 43.

Pausen unterstützen zum einen die Verständlichkeit einer Aussage, zum anderen kann durch geschickte Pausensetzung eine inhaltliche Aussage verstärkt und die Zuhörer aufmerksam gemacht werden.

Sie sehen: Der Einsatz von Pausen kann unter Umständen den gesamten Inhalt einer Botschaft verändern. Deshalb ist die richtige Verwendung von Pausen elementar, damit das, was Sie sagen möchten, auch in Ihrem Sinne verstanden wird.

Zu den Pausen zählen jegliche Unterbrechungen zwischen zwei aufeinanderfolgenden sprachlichen Ereignissen, die gemacht werden, um einzuatmen, zu schlucken oder nachzudenken. Pausen zum Ausatmen kommen selten vor, da das bereits während des Sprechens geschieht.

Wir brauchen ja die Luft aus den Lungen, um Stimme zu erzeugen.

Allerdings gibt es auch unbeabsichtigte Gründe, durch die Pausen entstehen können. So kann zum Beispiel durch eine Überproduktion des Speichels ein Verschlucken oder, umgekehrt, bei einer Speichelsekretunterproduktion das Gefühl, sich räuspern zu müssen, auftreten. Husten, Niesen, Schniefen, Gähnen oder Schluckauf und noch diverse andere Faktoren können zu spontanen Sprechpausen führen.

Pausen geben dem Zuhörer Signale. Bei einer langgedehnten Pause kann der Gesprächspartner denken, die Rede sei zu Ende und er habe nun das Wort. Eine Pause, die durch einen hektischen Atmer gefüllt ist, vermittelt den Eindruck, dass der Sprecher schnell Luft holt, damit er ja nicht unterbrochen werden kann. Wer keine Pausen macht, nimmt dem Zuhörer die Möglichkeit, unangestrengt dem Gesagten zu folgen. Auch klingen solche pausenlosen Vorträge wie auswendig gelernt oder abgelesen. Zu viele Pausen hingegen zerstückeln die Information, fördern die Unaufmerksamkeit und lassen auf eine schlechte Vorbereitung schließen.

Wie sich bei meiner Studie gezeigt hat, sind das Maß der Pausen und die bewusste Gestaltung der Sprechgeschwindigkeit entscheidende Faktoren, wenn es um die Bewertung der akustischen Attraktivität eines Sprechers oder einer Sprecherin geht.

Grundsätzlich gilt dabei: Je entspannter mit dem Gebrauch der Pausen umgegangen wird, desto angenehmer kommt das Sprechverhalten beim Gegenüber an. Eine Rede, die immer in zeitgleichen Abständen von Pausen unterbrochen wird, wird schnell langweilig, besonders, wenn die Pausen dann auch noch gleich lang sind. Es entsteht ein konkreter Sprachrhythmus mit dem Effekt, wie er bei stark rhythmischer, monotoner Musik eintritt: Ab einem gewissen Punkt verfällt man in einen tranceartigen Zustand.

Die Verwendung von Pausen hat einen starken Einfluss darauf, ob eine Stimme eine positive oder eine negative Bewertung erhält.

Das Pausenverhalten hängt von der jeweiligen Sprechsituation ab. Einer interessanten Geschichte können Sie durch längere Pausen zusätzliche Spannung verleihen. In einem beruflichen Gespräch ist in der Regel von einem solchen Pausengebrauch abzuraten; eine künstlich gedehnte Pause bringt noch lange keine Spannung in einen eher durchschnittlich spannenden Geschäftsbericht.

Das Verhältnis zwischen Sprechgeschwindigkeit und Pausenverhalten (gekoppelt an die Sprechmelodie) kann also dazu führen, dass ein Gespräch langweilig und ermüdend oder interessant und produktiv empfunden wird. Ein gelungenes Pausenverhalten können Sie durch die folgenden Empfehlungen erreichen:

Pausen-Tipps

1. Setzen Sie keine zu langen Pausen innerhalb von zusammenhängenden Gedankengängen.
2. Vermeiden Sie einen eintönigen »Pausenrhythmus«.
3. Verwenden Sie Pausen bewusst, um Inhalte zu trennen.

Verzögerungslaute

Ja eh, nun eh, ämm … Hesitationen, wie die Verzögerungslaute auch genannt werden, sind Laute und Lautkombinationen, die in den spontanen Redefluss eingebaut werden. Die Gründe dafür sind ebenso unterschiedlich wie auch die Wirkung, die die Laute auf die Zuhörer hinterlassen. Das Wort »Hesitation« kommt vom lateinischen Verb »hesitare«, das im Deutschen so viel heißt wie »zögern, zaudern, unterbrechen«. Hesitationen trennen, wie auch Pausen, den Fluss der gesprochenen Sprache. Doch während in einer Pause keine Merkmale von gesprochener Sprache auftreten, keine »artikulatorischen Aktivitäten« festgestellt werden können, kann man bei Hesitationen deutlich hören, dass es zu Lautbildungen kommt, die allerdings selten eine sprachliche Bedeutung besitzen. Aus diesen Gründen sind die Verzögerungslaute auch als »gefüllte Pausen« bekannt. In den meisten Fällen bestehen die Hesitationen aus einsilbigen Sprachpartikeln wie beispielsweise: [ɛm], [əm], [ø:], [a:], die umgangssprachlich als »ämm«, »ömm«, »öh«, »ah« verschriftlicht werden. Sie können, müssen aber nicht von jedem Sprecher verwendet werden und sind in der Regel nicht beabsichtigt. Sie besitzen weder eine eigene Information, noch kann man sie als Teil einer Information ansehen.

Dabei gibt es unterschiedliche Arten der Hesitationslaute:

1. Sprachplanerisch: Diese Verzögerungslaute dienen dazu, die Sprache während des Sprechens zu planen. Indem der Sprecher das letzte Wort beziehungsweise die letzte Silbe extrem dehnt: »de-he-er« (der), verschafft er sich somit extra Zeit zum Überlegen.

Beispiel: »De-he-er Wolf geht also zum Haus der Groß-mutter.«

2. Mental stimulierend: Nach einer kurzen Unterbre-chung sollen die Hesitationen die Fortsetzung der flüssigen Rede gewährleisten: »na!« »los!«

Beispiel: »Na, also der Wolf war auf dem Weg zur Groß-mutter ...«

3. Wiederholend: Das Wiederholen von kompletten Wörtern und Silben verschafft ebenso einen zeitlichen Spielraum wie auch eine Mischform aus 2. und 3., die wie »wie ... na! ... wie« klingen kann.

Beispiel: »Wie ... na! ... wie heißt nochmal das Mäd-chen mit dem roten Käppchen?«

4. Nicht eindeutig kategorisierbar: Es gibt auch Äuße-rungen, die sich zwar nicht eindeutig klassifizieren lassen, aber dennoch zu den Hesitationslauten gezählt werden können, weil sie gesprochene Sprache unterbrechen. Sie treten weitaus seltener auf als die zuvor beschriebenen Verzögerungslaute. Hierzu gehören »pf«, »tss«, »puh« u. Ä.

Beispiel: »Tsss ... Also dann kommt der Jäger am Haus vorbei.«

Die Funktion und Verwendung von Hesitationen sind individuell und sprecherabhängig. Geübte Sprecher kom-men weitgehend ohne die Verwendung dieser Laute aus.

Im Gegensatz zu den Pausen, die die Sprache gliedern und gestalten, werden Hesitationen unabhängig vom In-halt des Gesprochenen verwendet. Sie dienen nicht der in-haltlichen Planung und Gestaltung der Rede, sondern der gedanklichen und/oder grammatikalischen Planung des Sprechens. Der Sprecher möchte sich, möglichst ohne den Sprechfluss merklich zu unterbrechen, der angestrebten Äußerung nähern.

Hesitationen können außerdem auch durch Versprecher hervorgerufen werden. Durch die Verzögerungslaute können die Versprecher korrigiert oder eventuell sogar verhindert werden. Hierbei unterbrechen die Hesitationen die Rede und lassen einen korrigierenden und gedanklichen »Neuanfang« zu.

Beispiel: »Der ... ähhhh ... das Rotkäppchen macht sich auf den Weg.«

Ein anderer, nicht zu unterschätzender Faktor liegt in der »Sicherung des Rederechts«. Im Gegensatz zu den Pausen, die, je länger sie sind, dem Zuhörer die Möglichkeit zur Intervention geben, lassen Hesitationen dem Gesprächspartner einen deutlich geringeren Spielraum, den Sprechenden zu unterbrechen. Durch die hörbare Stille, die bei Pausen entsteht, ist in manchen Fällen das Eingreifen durch einen anderen Sprecher sogar erwünscht. Bei der Unterbrechung der flüssigen Sprache durch Hesitationen hinterlässt der Sprecher den Eindruck, er möchte keinesfalls von einer zweiten Person unterbrochen werden. Zeitlich gesehen ist dies ja auch nur bedingt möglich, denn da die Verzögerungslaute deutlich hörbar sind, müsste ein zweiter Sprecher dem Sprechenden »ins Wort fallen«.

Verzögerungslaute treten nicht einzeln auf. Jeder Sprecher, der diese »Stilmittel« benutzt, verwendet sie in einem bestimmten Rahmen immer wieder. Dabei konnte ein eindeutiger Zusammenhang zwischen einem emotionalen Ereignis (Angst, Wut, Trauer etc.) und der Häufigkeit der Verzögerungslaute festgestellt werden. Zwar sind die allgemeine Anzahl und Verwendung von Hesitationen sprecherabhängig, in emotionalen Situationen steigen diese jedoch konsequent.

Auch wenn es einige sehr bekannte Liebhaber von Verzögerungslauten gibt – äh Boris Becker zum Beispiel oder ämm Franz Beckenbauer oder … oder … ach wie heißt er noch gleich, ähm, ja Stoiber –, können diese schnell zur Geduldsprobe für die Zuhörer werden. Sie werden denken:
- Sie sind zögerlich, drucksen herum, haben noch keine klare Position gefunden,
- Sie erscheinen gehetzt, sind emotional zu stark beteiligt, sind nicht Herr der Situation,
- Sie sind schlecht vorbereitet, abgelenkt und nehmen Ihre Zuhörerschaft nicht wichtig.

All diese Einschätzungen können die Intention des Gesagten erheblich schädigen oder gar zunichtemachen. In meiner Untersuchung zu Attraktivität und Stimme hat sich zudem ganz deutlich gezeigt, dass die Verzögerungslaute bei der Frage nach der Attraktivität einer Stimme durchweg als absolut negativ bewertet wurden. Also, am besten Sie reduzieren den Gebrauch dieser Laute auf ein Minimum. Fangen Sie gleich damit an.

Übung

Fällt Ihnen bei sich selbst auf, dass Sie häufig Hesitationen verwenden, so versuchen Sie sie zunächst durch Pausen zu ersetzen. Achten Sie aber bitte darauf, dass die Pausen nicht zu lang werden.

1. Formulieren Sie einen Standpunkt, den Sie vor sich selbst verteidigen wollen. Z. B.: Ich mag den Winter, weil … Finden Sie Argumente dafür und dagegen, und halten Sie einen kurzen Monolog, den Sie auf Band nehmen.

Wenn Sie sich aufgenommen haben, zählen Sie alle Verzögerungslaute, die Sie verwendet haben. Machen Sie die Übung mit einem Partner, so bitten Sie ihn, jeden

Verzögerungslaut zu zählen. Wenn Sie alleine sind, versuchen Sie sich bei jedem Verzögerungslaut zu unterbrechen und noch einmal von vorne zu beginnen.

Zählen Sie, wie oft Sie von vorne begonnen haben.

2. Denken Sie sich ein anderes Thema aus: Z. B.: Ich kann Leute nicht verstehen, die … und versuchen Sie anstatt der Verzögerungslaute Pausen zu verwenden.

3. Zählen Sie mit, falls Sie dennoch Hesitationen verwenden. Üben Sie so lange, bis Sie die Hesitationen auf ein Minimum reduziert haben!

Diese Übungen lassen sich sehr gut in andere Tätigkeiten, z. B. beim Autofahren, Spülen, Joggen, integrieren. Versuchen Sie vorher zu überlegen, was Sie sagen möchten und wie Sie den Satz vollenden, damit Sie auf die ablenkenden Verzögerungslaute schließlich komplett verzichten können.

Zwar gilt im Großen und Ganzen, dass Hesitationslaute als negativ bewertet werden, aber Sie brauchen dennoch keine Angst vor ihnen zu entwickeln. Die Laute sind, wie oben erwähnt, auch Markierungen von vorhandener Emotionalität. In machen Fällen, wenn Sie aufgeregt sind oder wenn Sie intensiv über etwas nachdenken, können diese Laute auch Authentizität vermitteln. In privaten Gesprächen und in Konversationen, in denen Sie mit Ihrer Stimm- und Sprechweise etwas über sich selbst preisgeben möchten, können Sie sie in Maßen auch verwenden. In beruflichen Gesprächen, bei denen Professionalität, Kompetenz und eine gute Gesprächsvorbereitung erwartet werden, können Sie mit ein bisschen Training weitgehend darauf verzichten!

Aussprache

»Wie schreibt man das denn?«

»Wie man's spricht.«

Diese Antwort auf eine spontan auftretende orthographische Unsicherheit kennt jeder. Doch so einfach ist das leider nicht immer. Da gibt es beispielsweise diese Wörter, Homophone genannt, die gleich klingen, aber unterschiedlich geschrieben werden.

Bekannte Homophone sind:

leerer – Lehrer
heute – Häute

Auch gibt es Wörter, die gleich geschrieben werden und je nach Inhalt unterschiedlich klingen. Diese nennt man Homographen:

Druckerzeugnis – Druckerzeugnis (Druck-Erzeugnis/
Drucker-Zeugnis)
umfahren – umfahren ('umfahren – um'fahren)

Von George Bernard Shaw gibt es ein schönes Beispiel dafür, dass Geschriebenes nicht gleichzusetzen ist mit Gesprochenem.

Nehmen wir das englische Wort »enough« (=genug). Es wird »inaff« ausgesprochen. Die Buchstabenverbindung »gh« wird also in diesem Fall zu »f«. Als zweites Wort nehmen wir das englische Wort für »Frauen« = »women«. Das Wort wird »wimmenn« ausgesprochen, d. h., das »o« wird zu einem akustischen »i«. Als Letztes nehmen wir die Buchstabenkombination »ti« aus dem Verb »(to) mention«, was »(tu) männschenn« ausgesprochen wird und so viel bedeutet wie »erwähnen«. Fügen wir die Buchstaben zusammen, die wir uns gerade aus den unterschiedlichen Wörtern herausgepickt haben, so erhalten wir das Wort bzw. die Buchstabenkombination »ghoti«, die aber, wenn wir alle Laute einzeln darstellen, »Fisch« ergibt.

GH	O	TI	Geschriebenes
F	i	sch	Gesprochenes

Das Beispiel verdeutlicht, wie schwierig es ist, von der Aussprache auf die korrekte Schreibweise zu schließen. Dieses Problem stellt sich den meisten zum ersten Mal im Grundschulalter und bleibt vielen im Erwachsenenleben erhalten. Wenn Sie gefragt werden, wie man das Wort »Standard« schreibt, können Sie auch nicht sagen: »Wie man's spricht«, denn »Standard« spricht man »Standart«, und für diese Ausspracheweise gibt es sogar einen Begriff: Auslautverhärtung.

Ist also die »Wie-man's-spricht-Regel« nicht immer anwendbar, ist ihr Umkehrschluss (Wie spricht man es? Wie man es schreibt!) überhaupt nicht möglich. Denn: Wir sprechen nicht, wie wir schreiben! Diese Tatsache müssen wir verinnerlichen, wenn wir uns mit der Aussprache beschäftigen. Es gibt Sprachregeln, die darüber entscheiden, wann ein Buchstabe oder eine Buchstabenkombination auf eine bestimmte Art und Weise ausgesprochen wird.

Nehmen wir noch einmal als Beispiel den Konsonanten ›d‹. Wie bereits erwähnt, wird er gelegentlich ›d‹ und in anderen Wörtern und lautlichen Umgebungen ›t‹ ausgesprochen. (Speziell im Wort ›Standard‹ wird ›d‹ einmal [d] und einmal [t] ausgesprochen.) Nur zum besseren

Verständnis möchte ich Ihnen kurz die Regeln zeigen, die es für die Aussprache des Konsonanten ›d‹ im DU-DEN gibt. Sie brauchen sie sich nicht zu merken, ich möchte Ihnen hauptsächlich zeigen, wie komplex sich die Ausspracheregeln gestalten können:

1. Man spricht [d]:
   a. am Wortanfang (Dame, drei, Dynamik…)
   b. im Wortinneren vor Vokal, vor [n], [l] (Felder, Mieder, edel…)
   c. vor l, n, r, wenn sie zum Stamm gehören oder die Nebenform d + e hat (Handlung → Stamm: handel)
2. Man spricht [t]:
   a. am Wortende (Bad, Geld, Wand…)
   b. vor stimmlosen Konsonanten und vor g, m, n, v, w (Edgar, widmen, Admiral…)
   c. vor den Ableitungssilben -bar, -chen, -haft, -heit, -lein, -lich, -ling, -lings, -los, -nis, -sal, -sam, -schaft, -tum, -wärts (beredsam, freundlich, Mädchen…)
   d. meist im lateinischen Präfix ad- vor Konsonantenbuchstaben (außer vor r) (Advokat, Adjektiv…)
3. Der Buchstabe ›d‹ ist stumm am Wortende in französischen Wörtern (Boulevard, Fond…)

Der Unterschied zwischen dem Schreiben und dem Sprechen ist ziemlich groß und beginnt bereits damit, dass wir Buchstabe für Buchstabe schreiben, aber nicht Buchstabe für Buchstabe bzw. Laut für Laut sprechen. Wir sprechen in einem **lautlichen Kontinuum**. Damit ist gemeint, dass wir übergangslos alle auszusprechenden Laute aneinanderreihen, wie es der Sinn des Wortes oder die Silbe verlangt.

Häufig wissen wir gar nicht, warum dieses oder jenes Wort auf die eine oder andere Art ausgesprochen wird. Wir als Muttersprachler sprechen, wie es uns gerade in den Sinn kommt, und verlassen uns darauf, dass das, was wir sagen und wie wir es sagen, korrekt ist. Manchmal aber sind wir verunsichert. Heißt es jetzt »König« mit »ig« oder »Könich« mit »ich« am Ende? Heißt es »Balkon« oder »Balkong« und »Schina« oder »Kina«? Und warum? Ebenso wie es für die Aussprache schier unzählige Regeln gibt, gibt es dies auch für die Orthographie, also für die Rechtschreibung. Allerdings wird in der Grundschulzeit meist nur die Orthographie unterrichtet. Das Erlernen von Ausspracheregeln ist häufig nicht einmal bekannt. Nun gut, wir wissen also: Auch die Aussprache verläuft nach bestimmten Regeln und Normen. Diese gelten für den dialektfreien Sprachgebrauch. Dialekte folgen ihren eigenen Regeln, hier gibt es kein »richtig« oder »falsch«, aber es gibt sogenannte Aussprachempfehlungen für das Standarddeutsche, z. B.:

1. König ➔ *Köhnich*;
   Besonderheit: Könige ➔ *Köhnige*; königlich ➔ *köhniglich*.
2. China ➔ *China* mit ›Ch‹ wie in ›ich‹;
   Besonderheit: Deutsche Eigennamen wie z. B. Chiemsee spricht man *Kihmsee*.
3. Jackett ➔ *Scha'kätt* mit ›Sch‹ wie in ›Garage‹;
4. Kabarett ➔ *Kabba'rätt*; *Kabba'reh*;
   Besonderheit: Beide Formen lassen sich abhängig von der Schreibweise (Kabarett, Cabaret) verwenden. Auch die mögliche Betonung auf der ersten Silbe ist vollkommen in Ordnung.

5. Libyen → *Lihbüenn*;
   Besonderheit: Häufig werden ›ü‹ und ›i‹ vertauscht!
6. Accessoire → *Akksä'soa*;
7. Jazz → *Dschäss; Jats*;
   Besonderheit: Beide Formen werden verwendet und
   sind möglich.
8. Balkon → *Ball'kong; Ball'kohn; Ball'kŏh*;
   Besonderheit: Alle drei Formen sind gebräuchlich.

Für die korrekte Aussprache und deren Regeln gibt es
Nachschlagewerke, wie zum Beispiel den Ausspreche-
duden, und auch Sprachexperten sollten sich im Wesentlichen damit auskennen. Eine detaillierte Ausführung aller
Regeln würde hier den Rahmen sprengen, Sie vermutlich
langweilen und ist auch für unser Ziel einer wohlklin-
genden Stimm- und Sprechweise nicht unbedingt notwendig.

Ein weiteres Merkmal dafür, dass wir nicht sprechen,
wie wir schreiben, lässt sich daran erkennen, dass wir Silben »verschlucken«. Viele Wörter werden in der freien
Rede anders ausgesprochen, als es vom Sprecher beabsich-
tig ist. Vor- oder Nachsilben werden weggelassen oder reduziert. Das Wort »gegeben« wird nicht selten zu »ggebm«
oder »gegehm« und »Senf« zu »Sempf«. Man spricht dann
von »koartikulatorischen Erscheinungen«. Diese Effekte
treten aus nachvollziehbaren Gründen auf. Häufig versucht der Sprecher, seine Rede ökonomisch zu gestalten
und Mund- und Nasenraum sowie Zunge, Zähne und
Lippen möglichst sparsam einzusetzen. Manchmal geht
der Drang zum Ökonomischen so weit, dass sich der
Mundraum kaum noch bewegt und die Sprecher anfangen zu nuscheln. Da das Nuscheln in der Regel eher nega-

tiv bewertet wird, sollten wir versuchen, dies zu vermeiden.

Wichtig ist, dass Sie wissen, dass die Art und Weise Ihrer Aussprache einen Eindruck hinterlässt. Ist die Aussprache sehr genau und ausgeprägt und wird jeder geschriebene Laut auch artikuliert, entsteht ein eher unentspannter, unnatürlicher Eindruck. Nuscheln dagegen führt dazu, dass der Zuhörer das Gefühl vermittelt bekommt, der Sprecher bemühe sich nicht um die Gunst des Hörers und lege keinen Wert auf dessen Aufmerksamkeit. Außerdem schränkt das Nuscheln oder eine schludrige Aussprache die Sprachverständlichkeit ein.

Deshalb sollte eine gute Artikulation nicht zu bemüht klingen, aber auch nicht nachlässig. Ein paar Anhaltspunkte dafür, welche Laute genauer ausgesprochen werden sollten und welchen Lauten weniger Aufmerksamkeit gewidmet werden darf, soll eine kurze Übersicht über drei unterschiedliche Lautklassen verdeutlichen. Es gibt noch mehr Kategorien der Laute, aber das wäre ein bisschen viel Theorie für den Anfang, deshalb beschäftigen wir uns hier erst einmal mit den Verschluss- und Zischlauten und mit den Vokalen bzw. den Vokallängen.

Die Verschlusslaute an den Beispielen: p, t, k, b, d, g

Diese Laute sind sehr wichtig für die Verständlichkeit und müssen daher immer deutlich ausgesprochen werden. Die Buchstaben (p, t, k, b, d, g) werden im internationalen phonetischen Alphabet (IPA, weitläufig als »Lautschrift« bekannt) praktischerweise ebenso geschrieben [p] [t] [k] [b] [d] [g]. Ihnen ist eigen, dass sich während ihrer Artikulation zunächst ein Verschluss bildet, daher werden sie auch

»Verschlusslaute« genannt. Man spricht von einem Verschluss, wenn der Luftstrom, der aus der Lunge durch den Mund ausweichen soll, komplett unterbrochen wird. Der Verschluss wird entweder durch die Lippen ([p] [b]) oder mit Hilfe der Zungenspitze hinter den vorderen Schneidezähnen ([t] [d]) oder mit dem Zungenrücken am Gaumen ([k] [g]) gebildet. Auf den Verschluss folgt nach ganz kurzer Zeit eine Verschlusslösung, eine sogenannte Plosion, die diesen Lauten auch den Namen »Plosive« gegeben hat. Die Verschlusslösung ist dafür verantwortlich, dass der Laut im Wort wahrgenommen wird. Fehlt die Plosion beim Sprecher, kann der Hörer den Laut unter Umständen nicht erkennen. Es ist aber in manchen Fällen absolut notwendig, einzelne Laute oder Lauteigenschaften zu erkennen (in diesem Fall die Plosion), da ohne sie das komplette Wort oder der ganze Satz miss- oder nicht verstanden werden kann:

(das) Laken – lasen

Während das [k] zu den Verschlusslauten gehört, wird das »s« einer anderen Lautklasse (Zischlaute) zugeordnet, auf die ich gleich noch zu sprechen kommen werde.

Innerhalb der Verschlusslaute gibt es eine weitere Unterscheidung. Es gibt »stimmlose« und »stimmhafte« Plosive. Weitläufig werden in diesem Zusammenhang die Synonyme »hart« und »scharf« oder »weich« verwendet. Während die »scharfen« Verschlusslaute ohne Stimme, also ohne Beteiligung der Stimmbänder gebildet werden, setzt bei den »weichen« Verschlusslauten die Stimmbandbewegung wieder ein. Zu den harten Plosiven des Deutschen zählen [p] [t] [k] und zu den weichen [b] [d] [g]. Es gibt noch weit mehr, aber wir beschäftigen uns hier nur mit den einfachen Verschlusslauten, die für die deutsche Sprache von Belang sind.

Ob ein Laut mit oder ohne Stimme gebildet wird, ist ebenfalls bedeutungsunterscheidend. So macht es nämlich auch einen Unterschied, ob Sie:

Pass – oder – Bass;
Tank – oder – Dank;
Laken – oder – Lagen

sagen. Speziell für Telefonate, bei denen die optimale Übertragung von Sprache nicht immer selbstverständlich ist, ist es sinnvoll, auf die Verschlusslösungen zu achten. Sie erhöhen den Grad der Verständlichkeit. In Tests konnte festgestellt werden, dass die empfundene Sprachverständlichkeit eines Telefongesprächs positiv bewertet wird, wenn die Plosionen wahrnehmbar sind. In Telefongesprächen, bei denen die Lösungen nicht oder nur gering vorhanden sind (wie etwa durch Überlagerung von Störgeräuschen im fahrenden Auto oder einfach aufgrund einer nachlässigen Aussprache), wird die Sprachverständlichkeit von Probanden deutlich weniger positiv bewertet.

Übung

1. Probieren Sie die Plosive selbst:
(Wichtig: Sprechen Sie laut! Wenn Sie vor sich hin flüstern, kann kein Übungseffekt eintreten, beim Flüstern ist keine Stimme vorhanden!)
Sprechen Sie [p] [t] [k] [b] [d] [g], aber bitte sprechen Sie nicht »pe«, »te«, »ka« etc., sondern hängen hinter die Plosive

den »schwachen ›e‹-Laut« an. Diesen produzieren Sie automatisch, wenn Sie »bitte« sagen. Er klingt eher wie ein kurzer Stöhner. Achten Sie darauf, was mit Ihren Lippen oder der Zunge passiert, wenn sich der Verschluss löst.

2. Versuchen Sie einen stärkeren Verschluss der »stimmlosen Verschlusslaute« zu bilden und ihn ein bisschen länger zu halten: p____e, t____e, k____e, und legen Sie Beachtung auf die Verschlusslaute, nicht auf den Vokal »e«.

Von dem »e« ist eigentlich nichts zu hören, wenn Sie jedoch etwas wahrnehmen, dann ist dies das Geräusch, das entsteht, wenn die angestaute Luft Ihren Mund verlässt. Es klingt wie ein »h«.

3. Versuchen Sie den Verschluss der »stimmhaften Verschlusslaute« ein bisschen länger zu halten: b____e, d____e, g____e.

Bei den Lauten [b] [d] [g] müsste zu Beginn noch ein wenig Stimme hörbar sein, die jedoch, je länger Sie den Verschluss halten, abbricht. Bei [p] [t] [k] ist keine Stimme zu hören, und bevor Sie den Verschluss lösen, auch sonst kein Geräusch. Es entsteht erst bei der »Plosion«.

Die Zischlaute an den Beispielen: f, s, sch

Die sogenannten Zischlaute (auch: Frikative) haben ihren Namen aufgrund der Verwirbelungen der Luft, die bei der Produktion der Laute im Mundraum entstehen. Beim »f« ([f]) beispielsweise bilden die Zähne, die auf der Lippe liegen, eine Enge für entweichende Luft. Dabei kommt es durch die Geschwindigkeit der ausströmenden Luft und dem Hindernis, das sie überwinden muss, zu einer starken Verwirbelung der Luft, wobei das für den jeweiligen Laut typische Zischgeräusch entsteht. Engebildungen können auf unterschiedliche Arten geschehen. Beim »s« [s] zum Beispiel wird die Enge mit der Zungenspitze an den hinteren Schneidezähnen gebildet.

Übung

1. Probieren Sie aus, womit Sie das »s« sprechen. Sprechen Sie es mit der Zungenspitze oben oder unten? Das kann von Person zu Person unterschiedlich sein.

2. Versuchen Sie die jeweilig andere Variante.

Es ist schwierig, die gewohnte Art der Lautbildung zu verändern, aber möglich.

3. Fragen Sie in Ihrem Bekanntenkreis nach, wer spricht oben und wer unten? Können Sie den Unterschied hören?

Auch die Zischlaute können, abhängig davon, ob sie mit oder ohne Stimme ausgesprochen werden, den Sinn eines Wortes verändern. Das »f« [f], das »scharf« ohne Stimme ausgesprochen wird, hat als schriftliches und lautlich »weiches« mit Stimme ausgesprochenes Pendant das Buchstaben-»w« oder -»v«, das in der IPA als [v] verschriftlicht wird. Und es macht einen großen Unterschied, ob man:

fischen – oder – wischen ([f] – [v])
fangen – oder – Wangen ([f] – [v])

spricht. Diesen Unterschied gibt es auch für das stimmlose »s« [s]. Seine stimmhafte Variante [z] ist ebenfalls für die Bedeutung eines Wortes unterscheidend, was durch die Wörter

reißen – reisen
fließen – Fliesen

verdeutlicht wird. Allerdings sollte hier beachtet werden, dass das Zeichen [z] nicht mit dem Buchstaben »Z« verwechselt wird. Die IPA-Zeichen sind reine Zeichen und keine Buchstaben!

Übung

Probieren Sie die Zischlaute [f] [v] [s] [z] selbst.

Wichtig: Sprechen Sie laut! Wenn Sie vor sich hin flüstern, kann kein Übungseffekt eintreten, beim Flüstern ist keine Stimme vorhanden!

Bitte gehen Sie die folgenden Schritte mehrfach durch, um ein besseres Gespür für die Laute zu bekommen. Machen Sie sich bewusst: was in Ihrem Mund geschieht, beeinflussen Sie.

[f] [v]

1. Sprechen Sie das Wort »fangen«. Der erste Laut ist das [f]. Sprechen Sie nun ausschließlich das [f].

Außer dem Zischen der Luft sollte nichts hörbar sein.

2. Sprechen Sie das Wort »Wangen«. Der erste Laut ist das [v]. Sprechen Sie nun ausschließlich das [v].

Außer Ihrer Stimme (die den Laut bildet) sollte nicht viel anderes hörbar sein.

3. Nun sprechen Sie abwechselnd »fang« »wang«.

Der einzige Unterschied besteht im ersten Laut.

4. Sprechen Sie abwechselnd »f« »w« ([f] [v]). Nach dem sechsten Mal, halten Sie während der Übung den Zeigefinger auf Ihren Kehlkopf.

Beim [f] ist nichts weiter spürbar, während beim [v] der Kehlkopf durch die Stimmbandschwingungen vibriert.

[s] [z]

1. Sprechen Sie das Wort »fließen«. Der mittlere Laut ist das »scharfe« [s]. Sprechen Sie nun ausschließlich das [s]. Außer dem Zischen der Luft sollte nichts hörbar sein.

2. Sprechen Sie das Wort »Fliesen«. Der mittlere Laut ist das [z]. Sprechen Sie nun ausschließlich das [z]. Außer Ihrer Stimme (die den Laut bildet) sollte nicht viel anderes hörbar sein.

3. Nun sprechen Sie abwechselnd »fließ« »Flies«. Der einzige Unterschied besteht in der Verwendung bzw. Nichtverwendung des Zischlautes.

4. Sprechen Sie abwechselnd »ß« »s« ([s] [z]). Nach dem sechsten Mal halten Sie während der Übung den Zeigefinger auf Ihren Kehlkopf. Beim [s] ist nichts weiter spürbar, während beim [z] der Kehlkopf durch die Stimmbandschwingungen vibriert.

Am Wortanfang wird das »s« im Standarddeutschen übrigens immer weich, also [z], ausgesprochen. Die harte, scharfe Variante am Wortanfang gibt es nur in dialektaler Einfärbung, zum Beispiel im Schwäbischen und Bairischen.

Das gesprochene »sch« gehört auch zu den Zischlauten, aber ob es mit Stimme ([ʒ] wie in »Garage«) oder ohne Stimme ([ʃ] wie in »Schnee«) ausgesprochen wird, macht keinen Unterschied für den Inhalt des Wortes. Es gibt nur wenige Fälle, in denen dieser Laut weich ausgesprochen wird. Diese Wörter haben ihren Ursprung meist in anderen Sprachen, z. B. im Französischen: »Garage«, »Manege«, »Bandage«. Für die korrekte Aussprache im Deutschen wird das weiche »sch« also [ʒ] verwendet, und diese Aussprache ist definitiv zu empfehlen und anzustreben. Bedeutungsunterscheidend ist die Stimmgebung in diesem Fall aber nicht.

Als Übung zu diesen beiden Lauten, können Sie einfach die vorangegangene Übung für [s] [z] mit [ʃ] [ʒ] machen.

sch, ch

Ein weitaus größerer Unterschied liegt im korrekten Gebrauch von »sch« [ʃ] und »ch« [ç], wie es bei dem Pronomen »ich« verwendet wird. Bei diesen beiden Lauten sollte unbedingt auf die Unterscheidung geachtet werden, da sie bedeutungstragend sind. (Das »ch« ist im Deutschen immer stimmlos, eine stimmhafte, weiche Variante ist möglich, aber für das Deutsche nicht vorhanden, deswegen halten wir uns damit auch nicht länger auf.)

> Kirsche – Kirche ([ʃ] und [ç])
> wischt – Wicht ([ʃ] und [ç])

Vokale sind das a (e, i, u) und o?

Ja, das stimmt. Rein orthographisch gibt es im Deutschen fünf reine Vokale. Dann gibt es noch die die Umlaute ä, ö, und ü und die Doppellaute (Diphthonge) ei, äu und au.

Die gesamte Vokalriege (abgesehen von den Diphthongen) repräsentiert allerdings sage und schreibe mindestens 15 (!) Vokale, die wir aussprechen (siehe Tabelle). Die Verwendung der 15 Vokale fällt Muttersprachlern gar nicht mehr auf. Wenn man aber versucht, einem Spanier oder Franzosen das Deutsche beizubringen, dann wird man feststellen, dass die Unterscheidung zum einen bestimmten

Regeln folgt, aber zum anderen (und das ist für Sprachen-
lerner genauso wichtig wie für die Lehrer) nicht selbstverständlich ist. Das ist in anderen Sprachen nicht – oder zumindest nicht so ausführlich – der Fall. Dabei ist es wichtig,
die Aussprache zu unterscheiden, denn alle hier aufgezähl-
ten Vokalvarianten sind bedeutungsunterscheidend!

i	[i:]Miete
	[I]Mitte
ü	[y:]Wüste
	[Y]wüsste
e	[e:]beten
	[ε]betten
ä	[ε:]bäten
ö	[ø:]Höhle
	[œ]Hölle
a	[a:]Schal
	[a]Schall
o	[o:]Ofen
	[ɔ]offen
u	[u:]Mus
	[ʊ]muss*

Auch die Aussprache der zwei sogenannten »zentralen Vokale« [ɐ], wie in bitt**er** und [ə] in bitt**e**, kann die Bedeutung
des Wortes verändern (bitte vs. bitter, zeche vs. Zecher,
Messe vs. Messer etc.). Im Fall der Endung -er ist es denkbar, dass man während des Spracherwerbs zunächst davon
ausgeht, dass die Endung nur ein Laut ist. Sobald man dann
in der Schule das Schreiben lernt, stellt man mit Erstaunen

---

* Minimalpaare nach Kohler, http://www.coli-uni-saarland.de

fest, dass es sich tatsächlich um zwei Buchstaben handelt. In der spontanen Aussprache kommt es aber nur extrem selten vor, dass wirklich -er artikuliert ist. In der Regel wird die Endung -er mit dem Vokal [ɐ] ausgesprochen.

Eine Besonderheit der deutschen Sprache ist die Länge der Vokale. Sie ist häufig für den Inhalt des jeweiligen Wortes ausschlaggebend.

Oft werden die Vokallängen orthographisch dargestellt, wie bei:

Stiel – still
Wahn – wann

In diesen beiden Beispielen wird die Länge der Vokale »i« und »a« durch die Schreibweise bereits markiert. Das »Dehnungs-e« und das »Dehnungs-h« kennzeichnen, dass die vorangegangenen Vokale gedehnt lang ausgesprochen werden. Die Doppelkonsonanten »ll« (still) und »nn« (wann) deuten auf einen kurzen Vokal hin. Das lässt sich auch erschließen, wenn man die Wörter nicht kennt. Die Aussprache ist ablesbar. (Achtung: Ausnahmen bestätigen die Regel! Der Vokal kann auch kurz sein, wenn nur ein Konsonant folgt; siehe »Bus«.)

In den Beispielen:
Rot
baden
Mut

sind die Vokale zwar ebenfalls lang, jedoch ist dies nicht erkennbar. Jemand, der Deutsch als Fremdsprache lernt, muss deshalb die Aussprache mancher Wörter auswendig lernen. Und für alle Sprecher der deutschen Sprache bedeutet dies, dass, um möglichst verständlich zu sprechen und eine Kommunikation zu gewährleisten, die unanstrengend verläuft, die wesentlichen Punkte bei der Aussprache unbedingt beachtet werden sollten.

Mein Dialekt – das bin ich!

Als ich anfing, Phonetik in Frankfurt zu studieren, wurde eines Tages mein Kurs von unserem Professor gefragt, wie man denn in Frankfurt das Wort »Wurm« ausspräche. Keiner wusste eine Antwort, und es stellte sich heraus, dass ich die einzige gebürtige Frankfurterin war. Der Professor schalt mich, als Phonetiker solle man zumindest den eigenen Dialekt beherrschen. Bis zu diesem Zeitpunkt dachte ich immer, eine möglichst dialektfreie Sprechweise würde mich auszeichnen, aber leider Fehlanzeige! Er hatte recht, und ich gelobte Besserung.

Also hörte ich von nun an besser zu und ahmte nach. Meine Mutter ist im Saarland geboren und zunächst in Düsseldorf aufgewachsen, bevor sie nach Frankfurt zog, und auch meinem Vater fehlte jegliche Eigenschaften eines dialektal vorbildlichen Sprechers. Aber in Frankfurt mangelt es nicht an Vorbildern, und langsam zog auch der Spaß beim Lernen ein. Mittlerweile besitze ich immer noch keine herausragenden Fähigkeiten in Frankfurterisch, aber ich gebe mir Mühe, und seit geraumer Zeit fragen die Kellner in den einschlägigen »Äbbelwoiwirtschaften« mich nicht mehr: »Määädsche, wo kimmst du dann häa?«, sondern sagen anerkennend: »Ei, a rischdisch Frankfodda Mädsche? Schee, schee!« (»Ach, ein richtiges Frankfurter Mädchen? Schön, schön!«) Mittlerweile weiß ich auch schon lange, dass »Wurm« »uff Frankfodderisch« »Wämmsche« heißt und der Hessische Zungenbrecher so geht:

Hochdeutsch	Frankfodderisch
Sitzt ein Würmchen	Sitzte Wämmsche
auf dem Türmchen	uffm Tämmsche
mit 'nem Schirmchen	mitm Schämmsche
unterm Ärmchen	unnäm Ämmsche
kommt ein Stürmchen	kommte Stämmsche
bläst das Würmchen	blästes Wämmsche
mit dem Schirmchen	mitm Schämmsche
unterm Ärmchen	unnäm Ämmsche
vom Türmchen	vomm Tämmsche

Der Dialekt ist ein sensibles Thema. Manche Menschen sind stolz darauf, keinen Dialekt zu haben, andere praktizieren ihn selbstbewusst und ausgiebig. Wieder andere haben einen und möchten ihn loswerden, und es gibt auch Menschen, die fühlen sich ausgegrenzt, weil sie einen anderen Dialekt haben als den, der in ihrer Umgebung gesprochen wird.

Zunächst einmal gibt es eine Menge Dialekte und regionale Einfärbungen, und die wenigsten von uns sprechen absolut dialektfrei. Wie Johann Wolfgang Goethe einst sagte: »Beim Dialekt fängt die gesprochene Sprache an!«

Trotzdem herrscht noch landläufig die Meinung – abgesehen von einigen Dialekten, wie beispielsweise dem bairischen Dialekt, der gehegt und gepflegt wird, für den es sogar den Förderverein der Bairischen Sprache und Dialekte e. V. gibt –, dass nur Standarddeutsch als kultiviert gelten könne. Diese Meinung teile ich nicht. Wen wundert's, ich bin ja auch eines Besseren belehrt worden! Dialekte sind für mich Heimats- und Zugehörigkeitsbekundungen erster Güte. Außerdem beherrschen viele

Sprecher, die eines Dialekts mächtig sind, ebenfalls lupenreines Hochdeutsch.

Leider sind »Varietäten« des Deutschen, und dazu gehören Dialekte, Akzente, Mundarten etc., nicht immer und für jeden verständlich. Als dialektaler Sprecher sollten Sie sich dessen bewusst sein. Ihr Dialekt kann Sie auch *Für einen Dialekt muss man sich nicht schämen! Aber man sollte wissen, welche Eindrücke der Dialekt vermittelt.* einschränken und unflexibel machen oder Dritte, die des Dialekts nicht mächtig sind, ausgrenzen. Dies geschieht, wenn Sie ihn in ausgeprägter Form sprechen und nicht abschwächen (können). Stellen Sie sich vor, Sie wollen einen Vortrag halten, und auf der Teilnehmerliste stehen Menschen aus Tirol, München, Hamburg, Stuttgart, Bremen, Frankfurt, und jemand aus der Wetterau ist auch dabei. Außerdem noch ein Schwede, ein Costa Ricaner und ein Franzose, die zwar sehr gut Deutsch sprechen, aber keine Muttersprachler sind. Angenommen, Sie halten diese Präsentation nun auf Sächsisch, wird dies mehrere Auswirkungen haben:

1. Die Zuhörer beschäftigen sich zunächst einmal damit herauszufinden, woher Sie wohl kommen. Damit vergehen die ersten Minuten, und Ihnen wird nicht richtig zugehört. Die Aufmerksamkeit liegt auf Ihrem Dialekt, nicht auf dem, was Sie eigentlich sagen wollen.

2. Diejenigen Zuhörer, denen der Dialekt unbekannt ist, versuchen aus den Worten, die sie verstehen, den Inhalt herauszufiltern. Das ist sehr anstrengend. Die Aufmerksamkeit lässt nach.

3. Der Eindruck entsteht, dass Sie nicht allzu großen Wert darauf legen, ob Sie verstanden werden oder nicht.

Die Zuhörer werden sich selbst keine weitere Mühe mehr geben, wenn Sie sich nicht auch Mühe geben, verstanden zu werden.

4. Schließlich besteht wirklich die Gefahr, dass Sie nicht verstanden werden und Ihr Vortrag dementsprechend nutzlos war.

Wenn Sie vor einer Gruppe von Schwaben und einem Münchner einen Vortrag in lupenreinem Schwäbisch halten, haben Sie vielleicht die Sympathien der Schwaben auf Ihrer Seite, nur wie fühlt sich der Münchner? Vielleicht so, wie wenn Sie mit Ihrem Schulenglisch die britische Insel bereisen. In einem Londoner Restaurant begrüßt Sie ein Angestellter in breitestem Cockney: »Todays dish ov da day: Itchy Teeth wiv rice an' beans« (»Today's dish of the day: Beef with rice and beans« – eigentlich: »Tagesgericht: Rindfleisch mit Reis und Bohnen«). Ihre Übersetzung hört sich nicht gerade appetitlich an: »Juckende Zähn' mit Reis un' Bohne'.«

Gerade im Umgang mit Sprechern, die des Dialektes nicht mächtig sind, geht man auf Nummer sicher, wenn man sich bei der Verständigung der Standardaussprache bedient. Das gilt prinzipiell auch für jede andere Sprache.

Was auch nicht unbeachtet gelassen werden sollte, ist die Frage des Geschmacks. Die individuellen Präferenzen sind schwer vorhersagbar. Der eine mag den Dialekt seiner Kindheit und Jugend, den anderen erinnert er an eine bestimmte, vielleicht ungeliebte Person, der Nächste bevorzugt Dialektfreiheit.

Das heißt, dass Sie vielleicht bei dem einen Chef während des Vorstellungsgesprächs durch Ihren Dialekt punkten können, es kann aber auch ganz schiefgehen. In solchen Situationen ist eine neutrale, also möglichst hochdeutsche Aussprache sinnvoll.

Im Deutschen ist das Hochdeutsche ein Art »Amtssprache«. Bei öffentlichen Auftritten (das gilt nicht bei regionalen Festivitäten, bei denen man seine Zugehörigkeit durch das Verwenden des Dialekts signalisieren will), Vorstellungsgesprächen und auch im Umgang mit nicht dialektalen Sprechern kann man durch die sprachlichen Bemühungen und durch Abschwächung des eigenen Dialekts einen positiven, unbewussten Eindruck schaffen, der eine angenehme Kommunikationsbasis bietet.

Und wie werde ich den Dialekt wieder los?

Nur selten wird man den Dialekt einfach so wieder los. Das liegt nicht zuletzt daran, dass einem häufig der eigene Dialekt gar nicht bis zur letzten Konsequenz bewusst ist. Eine dialektale Aussprache äußert sich in Details. Die Aussprache von Endungen, nasaliertes Sprechen oder nur einzelne nasalierte Laute, dialektale Wortwahl und noch viele andere Merkmale mehr verstecken den Dialekt in der tagtäglichen Sprache. Wenn Sie ernsthaft daran arbeiten wollen, Ihre hochdeutsche Aussprache zu verbessern, kann ich nur empfehlen, professionelle Hilfe in Betracht zu ziehen. Sicherlich ist ein Anfang bereits dadurch gemacht, dass Sie die Regeln im Kapitel »Aussprache« befolgen, jedoch steckt der Teufel im Detail, und die Aussprachehilfen sind keine Mittel gegen die dialektalen Einfärbungen.

In der Regel bildet sich das dialektale Sprechen bereits während des Spracherwerbs. Die Muster sitzen tief und fest. Immerhin sind es häufig auch Ihre Wurzeln, die sich in der Sprache verstecken. Es gibt Sprecherzieher und Sprechtrainer, die gemeinsam mit Ihnen an der Dialekt- und Akzentreduzierung arbeiten können. Haben Sie keine Angst, denn den Dialekt dürfen Sie behalten, es ist aber durchaus wünschenswert, wenn man ihn regulieren kann, um ihn dann anzuwenden, wenn er erwünscht ist, und ihn zu vermeiden, wenn er eher unangebracht erscheint.

Ist das Deutsch or what?

»Einen was?«, fragte ich.

»Einen E-i-e-r-p-o-t-t!«, buchstabiert meine Omi am Telefon. »Wenn ich es dir doch sage, ich habe mich ja auch gewundert, aber er wünscht sich einen Eierpott zu Weihnachten.« Auf die Idee, dass mein 15-jähriger Cousin sich einen iPod, also ein Musikabspielgerät, wünschte, kam ich erst, als ich besagten »Player« in einer Anzeige erkannte. Meine Omi hatte einfach verstanden, was akustisch ähnlich klang und für sie am meisten Sinn hatte. Logisch!

In den Zeiten der Internationalisierung finden immer mehr hauptsächlich englischsprachige Wörter Eingang in die deutsche Sprache. Viele Unternehmen sind dazu übergegangen, die international verwendeten Bezeichnungen der deutschen Grammatik zu unterwerfen – nicht ohne auftretende Probleme. Dabei entstehen wundersame Sprachbeispiele. Heißt es etwa: »Ich habe die Fotos vom Server downgeloadet« oder »gedownloadet«? Dabei löst sich die Frage von alleine, wenn man sagt, dass die Fotos heruntergeladen wurden. Es geht aber um viel mehr, als die pure Wortwahl für Begriffe, die sich nach und nach im Zuge des globalen Technologiefortschritts etablieren. Auf

Konferenzen, Hauptversammlungen und bei Präsentationen erlebt man manchmal ein Sprachwirrwarr, das sich kaum noch entschlüsseln lässt. »Wir sollten ein Enterprise Education Integration machen oder doch lieber gleich den Head of Integration and Education of Internal Cooperation rufen, damit er endlich die bullet points der easy to use competition auflisten kann. Das wäre ein bold move, but no rocket science«. Alles verstanden?

Die Unternehmen wollen damit zeigen, wie international und aufgeschlossen sie sind. Doch dabei macht man sich oft nicht bewusst, dass die davon ausgehende Botschaft eine völlig andere sein könnte. Wenn ein Unternehmen es nicht schafft, zwei Sprachen voneinander zu trennen und sich ein sprachliches Chaos bietet, wie wird das Unternehmen dann seinen eigentlichen Aufgaben gerecht? Im Gegensatz zur vielleicht bestehenden Annahme ist eine Vermischung zweier Sprachen mit einer so extremen Ausprägung, wie das hier der Fall ist, ein Zeugnis von Unvermögen und nicht etwa von Eloquenz. Es ist ein Irrglaube zu denken, der Zuhörer wäre dadurch beeindruckt. Im Gegenteil: Zwei Sprachen achtlos miteinander zu vermischen vermittelt den Eindruck, dass man sich keine Mühe gibt, auf den richtigen Ausdruck zu achten. Als Zuhörer bekommt man das Gefühl, als sei dem Sprecher nicht daran gelegen, dass man versteht, was gesagt werden soll. Es entsteht der Eindruck, dass der Sprecher kommunikationsunwillig, zuweilen überheblich ist, da er davon ausgeht, dass jeder die Anglizismen und Eindeutschungen versteht, ja, verstehen muss. Er trennt das Publikum in diejenigen, die ihn verstehen, und diejenigen, die mit dem willkürlichen »switchen« Probleme haben, sei es, weil sie keine Muttersprachler der einen oder der anderen

Sprache sind, weil sie akustisch heute nicht in Hochform sind oder weil der Vortrag nicht über einen eigenen Schwerpunkt, sondern über ein interessantes Nebenthema gehalten wird. Kommunikationsbereitschaft zu vermitteln und das Gefühl, dass dem Sprecher am Herzen liegt, vom Publikum in allen Einzelheiten verstanden zu werden, sind aber die zwei wesentlichen Punkte, wenn es um ein positives akustisches Erscheinungsbild geht. Gerade für Unternehmen.

Also mein Rat: Ist das Publikum wirklich so international, sprechen Sie englisch! Ist es ein deutsches Publikum, sprechen Sie deutsch. Es spricht nichts dagegen, das eine oder andere Wort einer anderen Sprache einzuflechten, aber achten Sie darauf, dass die Verständlichkeit für alle gewährleistet ist.

Tonfall

»Das ist aber wirklich ein sehr schönes Kleid!«

»Na toll, vielen Dank für das Kompliment!«

Wenn Sie wirklich der Ansicht sind, dass Sie das Kleid, das Sie an Ihrer Freundin betrachten, schön finden, wissen Sie spätestens bei dieser Antwort, dass es Klärungsbedarf gibt. Anhand der Wortwahl und vermutlich auch dem Tonfall Ihrer Freundin erkennen Sie bereits, dass Sie keine eindeutige Aussage getätigt haben. Entweder haben Sie Ihr Lob wirklich ernst gemeint und die Besitzerin des Kleides hat Ihren Tonfall falsch interpretiert. Oder Sie fanden das Kleid doch nicht ganz so schön und ein leicht ironischer Tonfall hat sich in Ihre Aussage geschlichen, und jetzt haben Sie den Salat! Wie auch immer. Eine Aussage besteht nicht nur aus den Worten, sondern auch aus der Betonung und dem Klang derselben.

Im Zusammenhang mit der Sprechmelodie haben wir uns bereits damit beschäftigt, inwieweit die Betonung die Aussage von Sätzen verändern kann. Eine andere Komponente, die nicht weniger Bedeutung in der zwischenmenschlichen Kommunikation einnimmt, ist die Klangfarbe. Die Wissenschaft ist sich noch nicht ganz einig darüber, wann man welchen Ton als aggressiv, freundlich, lustig oder ironisch bezeichnen kann und wie der Mensch diese Facetten wahrnimmt und verwendet. Dass diese Phänomene, die sich unter dem zunächst einmal unwissenschaftlichen, aber dadurch nicht unwichtigeren Begriff »Ton« subsumieren, einen hohen Stellenwert in der alltäglichen Kommunikation ausmachen, kann man schon an der Bandbreite der Redewendungen und Floskeln erkennen, die sich zu diesem Thema finden:

> Nicht in diesem Ton!
> Sich im Ton vergreifen.
> Der gute Ton.
> Hast du Töne?
> Versöhnliche Töne anstimmen.
> Der Umgangston.
> Den Ton angeben.
> Den richtigen Ton treffen.
> Keinen Ton herausbringen.

Mögliche Varianten der Klangfarben oder des Tonfalls sind: zornig, sarkastisch, freudig, fragend, bedauern/mitleidig, zustimmend, ungläubig, zusammenfassend, aggressiv, freudig erwartend, enttäuscht, schuldbewusst, erschrocken, wertend etc. Um die Klangfarbe bewusst zu verändern, müssen wir uns erst einmal darüber im Klaren sein, wie sich die unterschiedlichen Varianten anfühlen und anhören.

Übung:
1. Sprechen Sie den Satz: Heute ist es sehr kalt.
2. Sprechen Sie den Satz in unterschiedlichen Tonfällen, und überprüfen Sie sich selbst anhand einer Aufnahme.
Wenn möglich, machen Sie die Übung mit einem Partner. Denken Sie sich einen Tonfall aus (z. B. freudig erwartend) und sprechen Sie einen »freudig erwartenden« Satz. Ihr Partner soll erraten, welchen Tonfall Sie gewählt haben.
3. Sprechen Sie den Unsinn-Satz: »Schmadla sieba du« in unterschiedlichen Klangfarben. Überprüfen Sie sich selbst, wenn möglich, machen Sie die Partnerübung.

Der geschulte Umgang mit dem gesamten Spektrum der Klangfarbe ermöglicht Ihnen während des Sprechens, Informationen nicht ausschließlich durch Worte, sondern darüber hinaus über Ihre Stimme weiterzugeben. Da Sie dies ohnehin bereits unbewusst tun, ist es einfach, dies ein bisschen eingehender zu trainieren, damit Sie Ihren Stimmklang in Zukunft gezielter einsetzen können. Das wird Ihnen gleichsam helfen, die Tonfälle von anderen Sprechern besser zu identifizieren und dadurch beim Zuhören mehr Informationen aus dem Gesagten »lesen« zu können. Je nach Sprechsituation lernen Sie zu unterscheiden, was genau, abgesehen von den verwendeten Worten, die Absicht des Sprechers ist und was er Ihnen mitteilen möchte – speziell bei Telefonaten und anderen Gesprächssituationen, in denen der direkte Blickkontakt fehlt und Sie allein auf die Stimme des Gegenübers angewiesen sind.

Lernen Sie aus der Stimme Ihres Gesprächspartners zu lesen. Je besser Sie selbst Ihre Stimme und Sprechweise beherrschen, desto einfacher fällt es Ihnen, zusätzliche Informationen aus der Stimme und Sprechweise Ihrer Gesprächspartner zu filtern.

Einer der am häufigsten unterschätzen Tonfälle ist wahrscheinlich der negativ wertende Ton. Er ist so unterschwellig, dass manchmal weder dem Sprecher noch dem Hörer klar ist, weswegen man sich prompt unwohl oder attackiert fühlt und sofort eine unangenehme Sprechsituation entsteht. Die Problematik des abwertenden Tonfalls liegt darin, dass er eine Hierarchie impliziert. Der Sprecher fühlt sich dem Angesprochenen überlegen, was zwangsläufig zu Konflikten führt.

Manchmal lässt sich dies in Beziehungen beobachten, in denen einer glaubt, dem anderen immer zeigen zu müssen, wie bestimmte Dinge besser zu machen sind. Obwohl dies häufig nicht als Angriff gemeint ist, wird es jedoch von dem Angesprochenen oft so empfunden. Ein Beispiel dafür konnte ich kürzlich bei einem Pärchen mitanhören. Sie Deutsche, er Spanier.

»Ich verlasse mich da ganz auf dir«, sagte er.

»Es heißt, dich«, erwiderte sie.

Die Wortwohl ist neutral und emotionslos; die Frau hat Ihren Partner darauf hingewiesen, dass er den falschen Fall gewählt hat, und diesen korrigiert. Dagegen ist nichts zu sagen. Nun stellen Sie sich bitte den letzten Satz in einem gereizten und leicht abwertenden Tonfall vor. Plötzlich bekommt die kurze Äußerung der Frau: »Es heißt, dich«

einen weit über die eigentliche Bedeutung hinausgehenden Inhalt. In diesem Gespräch lag so viel Aggression und Härte, die sich allein im Tonfall der Frau widerspiegelten, dass man sich förmlich ein Bild davon machen konnte, wie oft sie ihren Freund schon korrigiert hatte und dass sie vielleicht ohnehin kein geduldiger Mensch ist. Was jedoch am deutlichsten sichtbar wurde, war die Tatsache, dass sie sich durch ihr sprachliches Vermögen über ihn zu stellen versuchte. Durch die Wahl des abwertenden Tonfalls vermittelte sie ihrem Freund, ohne dafür Worte zu verwenden, nicht nur, dass sein Satz falsch war, sondern gleichzeitig den Eindruck, das er ihr unterlegen sei.

Das Degradieren des Gesprächspartners durch die Verwendung eines abwertenden Tonfalls sollte nicht das Ziel eines produktiven Gesprächs sein, weder im beruflichen noch im privaten Umgang. Das ist klar. Darüber hinaus gibt es wenig Regeln zum richtigen Ton, weil er immer von der jeweiligen Situation abhängig ist. Es hilft aber, dafür ein »Ohr« zu bekommen, sich zu sensibilisieren und die Wirkung der unterschiedlichen Tonfälle bewusst einmal nachzuvollziehen. Das können Sie am besten, wenn Sie gut zuhören.

6. Kapitel:
So wichtig wie Sprechen: (Zu)Hören

Als ich einmal mit dem festen Entschluss von der Schule nach Hause kam, mich von nun an nicht mehr am Unterricht zu beteiligen, weil ich keinen Sinn mehr darin sah, sagte mein Bruder zu mir: »Wenn du schon da bist, kannst du doch wenigstens zuhören.« Wie sich herausstellen sollte, war das gar kein schlechter Vorschlag. Ich saß also da und hörte nur zu. Und es passierte etwas, mit dem ich nicht gerechnet hatte: Manches, dass mir zu Ohren kam, stellte sich in einem vollkommen neuen Zusammenhang dar, und manches davon fing an, mich (wieder) zu interessieren. Man konnte wirklich etwas lernen. Mehr noch, bald stellte ich am eigenen Leib fest, was ich bislang für eine typische Lehrerphrase gehalten hatte: Wenn man in der Schule aufmerksamer zuhörte, konnte man sich zu Hause viel Arbeit ersparen.

Zuhören ist mehr, als nur den anderen aussprechen lassen. Zuhören ist eine Grundlage der menschlichen Kommunikation. Man muss genau hinhören, um Zwischentöne wahrnehmen und Gehörtes verstehen zu können.

Das aktive Zuhören erfordert die Bereitschaft, verstehen zu wollen, was der andere sagt.

Von der Fähigkeit des guten Zuhörens ist es wesentlich

abhängig, wie effizient Botschaften verstanden werden. Dazu gehört in einer immer lauter werdenden Umwelt auch die Fähigkeit, wegzuhören und zu filtern. Damit einem dabei wichtige Informationen nicht verloren gehen, muss Hören heute vermehrt als bewusstes und selektives Hören gelernt werden. Das beginnt schon im Kindesalter. Untersuchungen haben gezeigt, dass Kinder, die rechtzeitig lernen, richtig zuzuhören, größere Lernerfolge verzeichnen. Eltern können ihre Kinder darin unterstützen, schon frühzeitig. Dazu müssen sie selbst erst gute und geduldige Zuhörer-Vorbilder sein und den Kindern zum einen den Eindruck vermitteln, dass sie ihnen gerne und interessiert zuhören. Zum anderen können die Erwachsenen durch kurze und spannend klingende, kindgerechte Antworten auf Kinderfragen das Zuhören ganz einfach schulen. Die Kinder sollen animiert werden, auf die nächste Antwort erneut gebannt zu warten und dann mit dem gleichen Eifer zuzuhören. Auch Vorlesen, ohne dass die Kinder dabei andere Dinge tun, ist dem guten Zuhören förderlich. Eine weitere Möglichkeit, um mit Kindern das genaue Hinhören zu trainieren, sind kleine Sprachspiele, bei denen die Kinder aktiv mitmachen können.

Einer meiner liebsten Mitsprechreime geht so:

> Es war einmal ein Elefant,
> Der griff zu einem Telefant –
> Oh halt, nein, nein! Ein Elefon,
> Der griff zu einem Telefon –
> (verflixt ich bin mir nicht ganz klar,
> ob's diesmal so ganz richtig war.)

Wie immer auch, mit seinem Rüssel
Verfing er sich im Telefüssel;
Indes er sucht sich zu befrein,
Schrillt lauter noch das Telefein –
(ich mach jetzt Schluss mit diesem Song
vom Elefuß und Telefong!)[*]

Um die Unsinnsworte verstehen zu können, müssen Kinder und auch Erwachsene aufmerksam zuhören. Die Wörter können nicht wie bei einem realistischen Kontext vom Gehirn vervollständigt werden, da sie nicht bekannt sind bzw. nicht tatsächlich existieren. Darum ist das aktive Zuhören notwendig, um die absichtlich verzerrten und verzierten Wörter zu erkennen und den lautlichen Zusammenhang, also die Reime, zu verstehen.

Was für eine Bedeutung eine Umgebung hat, die gutes Zuhören ermöglicht, hat jüngst ein Versuch an einer Grundschule gezeigt. Hier wurde eine Klasse in einem akustisch optimierten Klassenraum unterrichtet. Die Parallelklasse wurde in einem unveränderten Raum mit demselben Lernstoff konfrontiert. Es zeigte sich bald, dass die Klasse, die in einer besseren »Hörumgebung« unterrichtet wurde, auch bessere Lernfortschritte zu verzeichnen hatte. Der Grund liegt auf der Hand: Die Kinder konnten ihre Konzentration auf den Lerninhalt lenken und mussten sich nicht erst darauf konzentrieren, die Lehrer überhaupt zu hören.

[*] aus: Margret Rettich: Kindergedichte

Sechs Tipps für ein aktives Zuhören

1. Voraussetzung: Sie wollen verstehen, was der Sprecher sagt.
2. Denken Sie aktiv mit.
3. Bleiben Sie geduldig und hören Sie bis zum Ende zu.
4. Wenden Sie sich auch körperlich dem Sprecher zu.
5. Signalisieren Sie, dass Sie zuhören. (Durch Mimik, Nicken, Notizen etc.)
6. Fragen Sie nach, wenn Sie etwas nicht verstehen.

Achtsamen Zuhörern wird eine hohe Sozialkompetenz zugewiesen.

Doch die Forschung im Bereich des Hörens und Zuhörens geht noch weiter. So konnte herausgefunden werden, dass die Erfahrung gehört zu werden ein wichtiger Bestandteil beim Erlernen sozialer Kompetenzen ist. Achtsames Zuhören wird vom Sprecher als »soziale Bewertung« empfunden. Wenn man jemandem »sein Ohr leiht«, fühlt sich sein Gegenüber geachtet und wertgeschätzt. Ein aktiver Zuhörer signalisiert Kooperationsbereitschaft, Dialog- und Konfliktfähigkeit, Interesse und noch viel mehr. Alle diese Eigenschaften erschaffen eine angenehme und produktive Kommunikationsgrundlage. Deshalb: Auch wenn Sie meinen zu wissen, was Ihr Gesprächspartner sagen will, oder es brennt Ihnen auf der Zunge, etwas Bestimmtes loszuwerden, so sollten Sie ihm dennoch nicht ins Wort fallen. Eine Unterbrechung ist immer eine negative Botschaft. Sie übervorteilen den Sprecher und vermitteln den Eindruck, dass es wichtiger wäre, Ihnen zuzuhören als der anderen sprechenden Person.

Hörtraining

Zur Steigerung der Konzentration und Merkfähigkeit beim Zuhören eignen sich folgende Übungen:

Liedtexte verstehen

Hören Sie sich ein Lied an, das Ihnen gefällt und das Sie jederzeit erneut abspielen können. Versuchen Sie jedes einzelne Wort und den Textzusammenhang zu verstehen. (Achtung, nicht jeder Text ergibt einen Sinn.)
Erhöhen Sie die Schwierigkeitsstufe, indem Sie versuchen, die erste Strophe auswendig zu lernen. Verwenden Sie dazu nur Ihr Gehör und konzentrieren Sie sich auf die einzelnen Wörter.
Kontrollieren Sie die erkannten und auswendig gelernten Wörter anhand des richtigen Textes, den Sie entweder im Internet oder auf CD-Hüllen nachlesen können.

Nachrichten nacherzählen

Nehmen Sie die Nachrichten im Radio oder Fernsehen auf, oder, einfacher, laden Sie sich einen Nachrichten-Podcast herunter. Achten Sie darauf, dass die Nachrichten nicht zu lang sind. Drei bis fünf Minuten genügen zunächst.
Hören Sie aufmerksam zu, und geben Sie anschließend schriftlich und möglichst detailliert wieder, was gesagt wurde. Vergleichen Sie die Inhalte.
Wenn das gut gelingt, erhöhen Sie die Dauer um weitere zwei Minuten.
Erweiterung der Übung: Fassen Sie den Inhalt anschließend in ein bis drei Sätze (je nach Gesamtlänge des Textes) zusammen. Das schult Ihr Auffassungsvermögen und das Formulieren.

Kettenerzählung

Für diese Übung sind mindestens zwei Personen nötig.
Beschließen Sie, bevor Sie mit der Übung beginnen, wie
viele Runden stattfinden werden. Ein »Mitspieler« beginnt mit
einem Satz: »Als ich gestern in der Waschanlage war, traute
ich meinen Augen kaum!« Der zweite Spieler schließt einen
weiteren Satz an, sodass eine sinnvolle kurze Geschichte entsteht, und so weiter.

Achten Sie darauf, dass die vorher vereinbarte Anzahl der
Runden eingehalten wird. Dementsprechend müssen alle
Mitspieler möglichst gemeinsam den Inhalt in die richtige
Richtung lenken.

Versuchen Sie den Schwierigkeitsgrad zu erhöhen, indem Sie
kreativere oder absurdere Sätze verwenden: »Als ich neulich
durch den Canyon ritt, staunte ich nicht schlecht.« »Als ich
heute Morgen erwachte, blickte ich aus dem Fenster und war
erstaunt, dass ich mich auf einem Schiff befand.«

Für Kinder: Je nach Alter des Kindes können Sie gegebenenfalls auf ein bekanntes Märchen oder eine Lieblingsgeschichte
des Kindes zurückgreifen. Sie beginnen, und das Kind
schließt den nächsten Satz an, und so weiter. Für ältere
Kinder bietet sich eine Phantasie-Geschichte an, um den
Spaß zu erhalten und die Aufmerksamkeit zu binden.
Beginnen Sie mit Sätzen wie etwa: »Gestern war ich in
einem pinkfarbenen Wald.«

Bei Kindern geht es nicht darum, eine möglichst ausgefeilte
Geschichte zu erfinden. Die Konzentration und das aufmerksame Zuhören sollen durch Motivation und Spaß geschult
werden. Vergessen Sie nicht, dem Kind gut zuzuhören, denn
auch das Zuhören von Ihrer Seite motiviert das Kind und
schafft eine soziale Wertung.

Bei Erwachsenen hingegen sollte das Augenmerk durchaus

auf den korrekten Satzbau und die richtigen Formulierungen gelegt werden. Reden Sie nicht einfach so daher, sondern prüfen Sie, ob das, was Sie sagen wollten, auch wirklich von Ihnen gesagt wurde. Das erkennen Sie mitunter an der Reaktion Ihrer Zuhörer.

Das Zuhören ist für Sie auch als Sprecher essenziell. Allein durch ein aktives und bewusstes Zuhören können Sie die Atmosphäre der entstehenden oder bereits entstandenen Kommunikationssituation erfassen. Wenn Sie selbst sprechen und sich mit Ihrer eigenen Stimme, Sprechmelodie, Betonung etc. befassen, sollten Sie sich zwangsläufig auch mit den stimmlichen Eigenschaften der anderen Sprecher beschäftigen und aus ihnen »lesen« lernen.

Ist Ihr Gegenüber aufgeregt und unsicher? Vielleicht können Sie durch Ihre Sprechweise beruhigend auf ihn einwirken. Einfaches Beispiel: Sie rufen nach längerer Zeit einen Freund an, bei dem Sie sich schon längst hätte melden soll-

Erfolgreiches Sprechen ist untrennbar mit dem Zuhören verbunden, nicht zuletzt für die Selbstanalyse.

ten. Er meldet sich mit einem: »Ach wie schön, dass du dich auch mal wieder meldest!« Als aufmerksamer Zuhörer ist es möglich, dass Sie den Satz so verstehen, wie er wahrscheinlich gemeint ist, nämlich: »Du hättest dich ruhig mal früher melden können!« Sie können also darauf eingehen und durch eine ruhige und beschwichtigende Sprechweise dem Gespräch die Brisanz nehmen. Als nicht aufmerksamer Zuhörer verstehen Sie unter Umständen gar nicht, warum Ihr Freund auch zwei Wochen später immer noch sauer auf Sie ist. Schließlich hat er ja »Ach wie schön« gesagt, und das ist ja immer ein gutes Zeichen.

Wenn man merkt, dass man sich selbst, ob beabsichtigt oder unabsichtlich, im Ton vergriffen hat, spricht nichts dagegen und ist sogar ein Zeichen von Souveränität, sich selbst und den Gesprächspartnern den Fehlgriff einzugestehen, sich zu entschuldigen und das Gesagte noch einmal in einem angemessenen Tonfall zu wiederholen. Es gibt Situationen, z. B. Gespräche mit Vorgesetzen, in denen ist der Tonfall solch ein sensibles Thema, dass Sie mit einer Entschuldigung besser fahren, als einfach über Ihren Fehlgriff hinwegzusprechen.

7. Kapitel:
Die Stimmprofile

Sie haben es schon oft getan. Vielleicht unbewusst, vielleicht mit Bedacht. Durch Ihre gelungene Präsentation wurde ein vielversprechendes Projekt auf den Weg gebracht, Sie konnten etwas telefonisch veranlassen, zu dem Sie eigentlich hätten persönlich erscheinen müssen, Sie wurden bei einem Langstreckenflug in die Businessclass hochgestuft – kurz, Sie konnten den Check-in-Mitarbeiter, die Behördenangestellte, Ihre Kollegen und Vorgesetzten davon überzeugen, in Ihrem Sinne zu handeln. Dabei haben Sie sich verschiedener Sprechprofile bedient. Hätten Sie Ihre Präsentation in der gleichen Schmeichelstimme vorgetragen, die Sie am Flughafen einsetzten oder, umgekehrt, hätten Sie sehr sachlich auf die Notwendigkeit hingewiesen, dass ausgerechnet Sie einen komfortablen Sitzplatz benötigen, hätte das wahrscheinlich nicht funktioniert. In den folgenden Kapiteln werden wir uns mit unterschiedlichen Stimmvarianten beschäftigen, um Ihr Gespür noch weiter zu schärfen und Sie in die Lage zu versetzen, die verschiedenen Varianten kreativ und zu Ihrem Nutzen einsetzen zu können.

Die Unterteilung in drei Grundtypen – die Telefonstimme, die Berufsstimme und die Schmeichelstimme – ist frei gewählt, man könnte noch weiter differenzieren, doch der Übersichtlichkeit halber wurde darauf verzichtet. Außerdem sind die Übergänge zwischen den einzelnen Profilen fließend, Sie schmeicheln auch im Büro oder argumentieren mit einer sachlichen Stimme unter Freunden.

Bei jeder Stimme haben wir die wichtigsten Merkmale herausgehoben und sie am Ende nochmals in einer Checkliste kurz zusammengefasst. Alle Stimmvarianten können trainiert und verändert werden. Es geht aber nicht darum, Ihre Stimme grundlegend zu verändern, sondern den charakteristischen Ausdruck herauszuarbeiten und ein Gefühl dafür zu entwickeln, welches Potenzial in Ihrer Stimme liegt, wie viele Facetten sie besitzt und wie Sie diese am besten für sich einsetzten können.

Telefonstimme

Kommunikationsforscher gehen davon aus, dass am Telefon rund 85 Prozent der Wirkung über die Stimme transportiert werden, weil im Gegensatz zu einem persönlichen Gespräch Mimik und Gestik nicht zur Beurteilung einer Person zur Verfügung stehen. Wenn Sie ein Telefonpartner noch nie gesehen hat, wird er sich aufgrund Ihrer Stimme und Ihrer Wortwahl ein Bild von Ihnen machen – und das passiert in den ersten sieben Sekunden eines Telefonats. Er wird Sie sympathisch finden, Ihnen Kompetenz zusprechen, Ihre Motivation und Ihr Engagement spüren – oder eben auch nicht.

Meine Studie hat gezeigt, dass dem Besitzer einer positiv empfundenen Stimme auch ein adäquates optisches Erscheinungsbild zugeschrieben wird. Inwieweit Sie diesem optischen Eindruck entsprechen, ist nicht wichtig. Wichtig ist, dass Sie einen möglichst guten Gesamteindruck von sich selbst vermitteln wollen, denn dieser kann unter Umständen essenziell sein.

Stellen Sie sich zum Beispiel vor, Sie sind Arbeitgeber und führen zwei Telefongespräche. Eines mit Bewerber A, der eine angenehme, freundliche Stimme hat und auf Sie interessiert und engagiert wirkt. Das andere Gespräch führen Sie mit Bewerber B, mit dem das Gespräch nicht richtig in Gang kommen will und der keinerlei Emotionen (weder negativ noch positiv) bei Ihnen weckt. Wen würden Sie zu einem Vieraugengespräch einladen? Dass auch Sie einen positiven Telefoneindruck hinterlassen, können Sie mit einigen grundsätzlichen Überlegungen und etwas Vorbereitung steuern.

Im Folgenden konzentrieren wir uns auf das nichtprivate Telefongespräch. Manches kann man zwar auch auf den privaten Bereich übertragen, doch private Gespräche *Die Wirkung Ihrer Stimme ist im professionellen Telefonat von zentraler Bedeutung.* werden meist individueller und persönlicher gestaltet als nichtprivate und entziehen sich deshalb einer allgemeinen Behandlung.

Das berufliche Gespräch am Telefon hingegen steckt voller Möglichkeiten und Facetten, die man sich zunutze machen kann. Doch bevor wir uns der Stimme widmen, sollten Sie sich die Kardinalfragen im Bereich des professionellen Telefonierens in Erinnerung rufen, die lauten:

– Was will ich sagen?
– Was will ich damit erreichen?

Wenn Sie diese Fragen vor dem Telefongespräch nicht beantworten können, brauchen Sie es nicht zu führen – zumindest nicht zum jetzigen Zeitpunkt. Sonst sind Sie für den Angerufenen nur ein »Zeitfresser«, und das wirkt sich meistens negativ auf die Gesprächs- und Kooperationsbereitschaft aus. Da hilft Ihnen auch die schönste Stimme nicht weiter.

Vor dem Telefongespräch

Für eine gute Telefonstimme ist es wichtig, dass Sie entspannt sind. Damit ist nicht gemeint, dass Sie sich auf die Couch lümmeln, bevor Sie ein Gespräch führen. Im Gegenteil. Sitzen oder stehen Sie lieber, denn eine aufrechte Haltung ist Voraussetzung für eine schwungvolle Stimme.

Sie möchten bestimmt, aber freundlich Ihr Ziel verfolgen und wenn möglich eine Konfrontation jeglicher Art vermeiden. Also stellen Sie sicher, dass Ihr Mund nicht zu trocken, aber leer ist. Kaugummi oder Brötchenreste vom Frühstück sollten vor jedem Gespräch ausgespuckt oder/und heruntergeschluckt werden. Sie wollen sich ja nicht verschlucken. Außerdem hinterlassen Sie automatisch einen positiveren Eindruck, wenn Sie sich während des Gespräches voll aufs Sprechen konzentrieren, ohne befürchten zu müssen, laute Schmatzgeräusche von sich zu geben.

Als Anrufer haben Sie es in der Hand, wann das Gespräch beginnt. Deshalb können Sie vorher aktiv Zunge und Lippen und Kiefer entspannen (siehe Übung Seite 93). Suchen Sie sich einen geeigneten Raum aus, in dem Sie das Gespräch führen können. Nehmen Sie nach Möglichkeit keine Räume, die stark hallen. Das klingt immer ein bisschen nach Badezimmer, und von dort aus sollten Sie in der Regel kein wichtiges Telefonat führen, selbst wenn es in Ihren Augen der einzige ruhige Raum ist.

Möchten Sie mit Ihrem Handy telefonieren, sollte das vorzugsweise in geschlossenen Räumen passieren. In der U-Bahn, einer Bahnhofshalle oder an der Straßenecke sind so viele Störgeräusche, dass es dem Zuhörer schwerfallen könnte, Sie überhaupt zu verstehen. Der Angerufene kann den Eindruck bekommen, dass Ihnen nicht besonders viel daran liegt, verstanden zu werden, wenn Ihre Stimme durch Baustellen- oder Verkehrslärm nur noch schwach zu hören ist. Es sollte ebenfalls keine Musik im Hintergrund laufen – das Hauptaugenmerk des Gespräches sollte für Sie auf der Kommunikation mit dem Angerufenen liegen, und dies muss auch in der gewählten Telefonsituation zum Ausdruck kommen.

Eine gute Möglichkeit zum mobilen Telefonieren bietet das Auto. Hier herrscht häufig eine gute Akustik, allerdings nur, wenn der Motor nicht läuft.

Sie erinnern sich: Es bleiben Ihnen die ersten sieben Sekunden eines Gespräches, um einen guten Eindruck zu hinterlassen. Also seien Sie möglichst freundlich, entspannt und nett. Lächeln Sie – auch wenn es keiner sieht, Ihre Stimme wirkt dadurch freundlicher. Warum auch nicht? Sie sind ja in diesem Fall der Anrufer, wissen, was auf Sie zukommt und was Sie sich von dem *Die akustische Umgebung des Gespräches ist ausschlaggebend für den ersten Eindruck am Telefon.* Gespräch erwarten. Halten Sie gegebenenfalls Ihre Notizen bereit und achten Sie auf die Stimme Ihres Gegenübers. Ist sie gereizt und hektisch oder entspannt und freundlich? »Lesen« Sie aus der Stimme des anderen und passen Sie sich dementsprechend an.

Als Angerufener können Sie ebenso zum Gelingen

eines Telefongespräches beitragen. Zunächst ist es ratsam, den Hörer nicht gleich beim ersten Klingeln abzunehmen. Warten Sie bis nach dem zweiten oder dritten Ton, bis Sie das Gespräch annehmen. Dies hat folgenden Grund: Meistens weiß man nicht, dass das Telefon gleich klingelt; es kommt sogar vor, dass man sich beim ersten Klingeln erschreckt. Das Gehirn braucht einen kurzen Augenblick, um sich an die neue Situation zu gewöhnen, sodass es erkennt: »Aha, da kommt ein Anruf!« Beim Anrufer verhält es sich übrigens ebenso. Beim ersten Telefonklingeln im Hörer erkennt das Anrufer-Gehirn: »Aha, jetzt klingelt's, gleich geht jemand dran. Gleich wird gesprochen …«

Wenn Sie das Telefon zwei-, dreimal klingeln lassen, geben Sie sich und dem Anrufer die Möglichkeit, die Situation komplett zu erfassen.

Erwarten Sie allerdings einen Anruf, so kann der Hörer sofort abgenommen werden, denn Sie wissen ja bereits, dass Sie von einer bestimmten Person angerufen werden. Ihr Gehirn und Ihre gesamten Handlungen und Gedanken sind schon vorbereitet und startklar.

Es klingelt …

Kommt der Anruf zeitlich ungelegen, so kann ich Ihnen nur ans Herz legen, dies freundlich, aber sofort mitzuteilen. Das ist allemal besser, als gehetzt und genervt durch ein Gespräch zu jagen. In Zeiten der mobilen Telefonie, wo Sie überall erreichbar sind, ist das inzwischen vollkommen akzeptiert. Hilfreich ist es, wenn Sie zeitgleich auf einen konkreten nächsten Zeitpunkt verweisen, etwa:

»Herr Müller, es tut mir leid, es ist gerade zeitlich etwas eng bei mir, kann ich Sie um 14.30 Uhr zurückrufen?«

Wenn Sie als Zeitpunkt nur »später« angeben, wird Herr Müller vielleicht nachfragen: »Wann wäre das denn genau?« Auf diese berechtigte Frage sollten Sie antworten. Das hat aber zur Folge, dass Sie sich bereits in einem Gespräch befinden, obwohl Sie eigentlich gar keine Zeit haben. Trainieren Sie sich ein solches Telefonverhalten an. Auch »peinliche« Situationen – Sie erinnern sich an die Klopapierszene zu Beginn des Buches – lassen sich so in den Griff bekommen.

Als Anrufer haben sie bereits die Nummer gewählt und warten, dass sich am anderen Ende jemand meldet. Da Sie das Gespräch und die Situation gut vorbereitet haben, wissen Sie, mit wem Sie sprechen wollen, und sind aufmerksam, wenn sich das Gegenüber meldet. Wird der Name am anderen Ende der Leitung nicht gesagt – es ertönt bestenfalls ein »Hallo?« oder ein »Ja?« – oder haben Sie den Namen nicht verstanden, so begrüßen Sie zunächst mit »Guten Tag!«, nennen Ihren Namen (»Mein Name ist Kerstin Müller«), Ihre Zugehörigkeit (»ich bin Marketing-Managerin bei Krause & Co«) und Ihr Anliegen (»und möchte mich für Ihr Schreiben bedanken!«). Daraufhin können Sie fragen, ob Sie bereits mit der gewünschten Person verbunden sind (»Spreche ich mit Frau Meier?«).

Verwenden Sie vollständige und korrekte Sätze, dann kann sich der Angerufene voll und ganz auf den Inhalt konzentrieren. Er muss dann nicht aus einem: »Frau Meier? Müller von Krause & Co, wegen Ihres Schreibens …« versuchen, einen sinnvollen Zusammenhang zu bilden. Der Angerufene wird Ihnen mit Wohlwollen gegenüber Ihrem Anliegen danken.

Möchte man zuerst den Namen des Angerufenen erwähnen als Zeichen, dass man gut zugehört hat oder gut vorbereitet ist, muss man vorsichtig sein. »Guten Tag, Frau Meier, Müller hier!«, impliziert, dass Frau Meier bereits weiß, wer Frau Müller ist. Man setzt also etwas voraus, das als unfreundlich oder distanzlos empfunden werden kann. Besser ist, den Namen der Person einfach in die kurze Begrüßung einzubauen und dann eine vollständige und freundliche Einleitung zur eigenen Person zu liefern: »Guten Tag, Frau Meier! Mein Name ist Kerstin Müller. Ich bin Marketing-Managerin bei Krause & Co und …« Auch wenn Sie öfter die gleiche Person anrufen, ist es hilfreich, immer wieder Ihre Zugehörigkeit zu erwähnen, damit der Angerufene Sie umgehend zuordnen kann. Der Angerufene kann dann immer noch sagen, dass er sich an Sie erinnert. Ab diesem Zeitpunkt können Sie dann auf den Vermerk der Zugehörigkeit verzichten. Wenn Sie angerufen werden, melden Sie sich immer mit den Namen Ihres Unternehmens (es sei denn, der Anruf wurde durchgestellt, der Anrufer ist bekannt oder Sie sind in einer Position, wo der Anrufer weiß, für welches Unternehmen Sie arbeiten). Danach nennen Sie ihren Vor- und Zunamen, dann hat der Anrufer etwas Zeit, sich auf den Nachnamen vorzubereiten, um ihn sich besser merken zu können.

Dass ein »Ja« oder ein fragendes »Hallo?« dem privaten Bereich vorbehalten bleiben sollte, versteht sich von selbst. Manchmal werden aber auch die Anrufer überfordert: »Sie sind verbunden mit dem Empfang der Firma Friederich Schulz von der Höhe zu Baumstein und Söhne GmbH, mein Name ist Bernhard Brandt-Reinhardt, schönen guten Tag, was kann ich für Sie tun?« Was nett gemeint ist, geht am Ziel vorbei. Die Menge der Informationen ist zu groß, kommt unerwartet und kann vom Hörer nicht verarbeitet werden. Der Anrufer weiß am Ende nicht, mit wem er spricht. Zumal diese Ansage, Sie erinnern sich an den Flugbegleiter, spätestens beim dritten Anruf in einer halben Stunde wie ein Endlosschleife klingt.

»Baumstein und Söhne, mein Name ist Brandt-Reinhardt, guten Tag«, vorgetragen in einer munteren freundlichen Stimme, wäre da die bessere Alternative. Das – oft empfohlene – »was kann ich für sie tun?« ist inzwischen zu einer Floskel erstarrt, die kaum noch den Sinn erfüllt, eine angenehme Atmosphäre zu schaffen. Setzen Sie da lieber auf Ihre Stimme, der Anrufer wird bald ohnehin den Grund des Telefonats und sein Anliegen mitteilen.

Sprechmelodie

Kommen wir zur Stimme. Da Ihr Gegenüber Sie beim Telefonieren nicht sehen kann, ist er voll und ganz von dem abhängig, was Sie sagen und vor allem wie Sie es sagen. Sprechen Sie deutlich, mit einer Betonung und Melodie, die dem Gesagten angepasst ist. Bei Fragesätzen heben Sie die Stimme zum Satzende hin an und machen eine Pause, durch die Sie dem Gesprächspartner signalisieren, dass Sie auf eine Antwort warten. Bei Aussagesätzen senken Sie die Stimme zum Ende des Satzes hin und pausieren nicht allzu lang, wenn Sie mit Ihrer Äußerung noch nicht fertig sind, damit Sie nicht unterbrochen werden.

Sprechen Sie mit einer ausgeprägten Sprechmelodie, vermeiden Sie aber unbedingt eine künstliche Übertreibung! Eine unpassende Sprechmelodie und Betonung verändert den Inhalt des Satzes komplett und kann ihn sogar unverständlich machen. Versuchen Sie den Inhalt, den Sie vermitteln wollen, durch Ihre Sprechmelodie zu untermauern. Sprechen Sie so, als wollten Sie eine spannende Geschichte erzählen. Sie möchten am Telefon und auch bei einer Ansage den Inhalt vermitteln und bei dem Hörer Interesse wecken für das, was Sie sagen.

Je individueller die Information gestaltet und gesprochen wird, desto freundlicher wird es bewertet.

Immer sollten Sie sich auch vergegenwärtigen, in welcher Situation sich Ihr Gesprächspartner befindet, und versuchen darauf einzugehen. Befindet er sich in einer ungestörten Umgebung, müssen Sie nicht mit überlauter Stimme sprechen, befindet er sich aber gerade auf einer Straßenkreuzung, kann es nicht schaden, ruhig etwas lauter zu sprechen als gewöhnlich. Klingt er gehetzt, müssen Sie das Gespräch nicht unnötig in die Länge ziehen. Ist er schlecht gelaunt, seien Sie freundlich, aber bestimmt. Frechheiten müssen und sollten Sie sich selbstverständlich nicht gefallen lassen, aber bleiben Sie möglichst gelassen und sachlich.

Müssen Sie immer wieder das Gleiche sagen, wie dies häufig an Infotheken, am Empfang oder in Callcentern der Fall ist, bemühen Sie sich so zu klingen, als würden Sie die Informationen bei jedem Anruf zum allerersten Mal sprechen. Kein Mensch wird Lust haben, Ihnen bis zum Schluss zuzuhören, wenn Sie alles herunterleiern.

Heben und senken Sie Ihre Stimme abhängig von den Satzzeichen und vom Inhalt, und machen Sie Pausen zwischen Gedankengängen. Beachten Sie dabei, dass Sie Ihre Stimme nicht zu sehr verkrampfen, um freundlich zu klingen. Bei Frauenstimmen führt das oft zu einer übertriebenen Höhe, und auch Männerstimmen klingen unfreiwillig lustig oder überdreht. Eine freundliche Stimme ist weder extrem hell noch sehr dunkel. Die Freundlichkeit drückt sich nicht zuletzt dadurch aus, dass der Sprecher dem Hörer den Eindruck übermittelt, dass ihm wichtig ist, vom Hörer verstanden zu werden.

Pausen

Eine wichtige Rolle bei der sprachlichen Gestaltung am Telefon spielen die Pausen. Diese sollten mit Bedacht genutzt und verwendet werden. Das passiert häufig nach Gefühl, aber auch hier gibt es ein paar Anhaltspunkte, nach denen Sie sich richten können. Je schneller Sie sprechen, desto kürzer sollten die Abstände zwischen den Pausen sein. Der Hörer benötigt die Pausen, um das Gesagte zu verarbeiten. Wenn Sie langsamer sprechen, brauchen Sie nicht allzu lange Pausen einzubauen. Ein langsames Sprechverhalten, gepaart mit vielen und langen Pausen, kann den Zuhörer ermüden und zu mangelnder Aufmerksamkeit führen. Auch besteht bei längeren Pausen die Gefahr, dass Ihr Gesprächspartner Ihnen ins Wort fällt, er kann ja – im Gegensatz zu einer direkten Kommunikation – nicht an Ihrer Körperhaltung oder Mimik erahnen, wann Sie mit dem Sprechen fertig sind. Grundsätzlich empfiehlt sich ein ausgewogenes Verhältnis zwischen Pausen und Sprechgeschwindigkeit.

Pausen kann man unterschiedlich nutzen. Ob zum Atmen, Schlucken, Nachdenken oder weil man abgelenkt ist, dem Gegenüber aber geben sie (oft unbewusst) immer Informationen – darüber, ob der Sprecher bei der Sache ist oder das Gesagte schon mehrfach vorher ausgesprochen hat. In einer Rede ohne Punkt und Komma kann man davon ausgehen, dass das Gesprochene schon oft wiederholt wurde und der Inhalt wenig exklusiv ist. Gelangt der Hörer jedoch zu der Einschätzung, dass das Gesagte nur für ihn gesprochen wird und sich der Sprecher um ihn bemüht – durch Pausen, eine angemessene Intonation und Sprechgeschwindigkeit –, hat man seine Aufmerksamkeit gewonnen.

Sprechgeschwindigkeit

Welche Sprechgeschwindigkeit die richtige ist, entscheidet sich meist auch in den ersten Sekunden des Gespräches. Sensibilisieren Sie sich für die Geschwindigkeit Ihres Gesprächspartners und passen Sie sich dieser an. Es ist nicht besonders zuträglich, wenn jemand in Eile ist, ein Thema langsam und ausführlich zu behandeln oder dem Zuhörer, der sich gerade zu entspannen versucht, einen hektischen Vorschlag zu unterbreiten.

Es gibt aber natürlich auch solche Situationen, in denen die Sprechgeschwindigkeit von Ihnen neutral gewählt werden kann. Ein wichtiger Grundsatz dabei ist, den Gesprächspartner nicht zu überfordern. Dementsprechend sollten Sie in kurzen Sätzen sprechen und keine Endlosschleifen fabrizieren. Sprechen Sie mit einer eher langsameren Geschwindigkeit, aber dehnen Sie das Gesagte nicht unnötig in die Länge.

Denken Sie stets daran, dass Sie ausschließlich akustisch wahrgenommen, also gehört werden. Der Gesprächspartner hat keine Möglichkeit, Ihre Mimik oder Gestik zu Hilfe zu nehmen.

Emotionen lassen sich mitunter an der Stimme erkennen, jedoch ist das nicht immer so einfach. Sie ist keine zwingend zuverlässige Informationsquelle. Emotionalität vom Gesprächspartner lässt sich am deutlichsten erkennen, wenn man sogenanntes Vergleichsmaterial hat. Bei Ihrem Partner, Ihren Kindern oder Freunden dürfte es Ihnen leichtfallen, von der Stimmlage auf die Stimmung zu schließen. Sie kennen die individuelle Stimme und Sprechweise gut und können »erhören«, wenn diese vom Normallevel abweichen (»Du klingst so komisch, was ist los?«). Bei unbekannten oder weniger bekannten Personen ist das schon schwieriger. Sofern Ihr Gegenüber nicht durch die Wortwahl oder den Inhalt Anhaltspunkte vermittelt, anhand derer Sie seine Stimmung ablesen könnten, sollten Sie darum doppelt so genau hinhören. Es sind wahrscheinlich bereits Schwankungen innerhalb des Telefonats vorhanden, die Sie als »Vergleichsmaterial« zu Hilfe nehmen können.

Die Herausforderung beim Telefonieren liegt darin, die Aufmerksamkeit und das Interesse des Zuhörers durch eine einfühlsame und individuelle Sprechweise zu gewinnen.

Ihre beste Telefonstimme

Aussprache: Sprechen Sie unbedingt sehr klar und deutlich! Aussprache am Telefon ist das A und O!

Tonfall: Wählen Sie Ihren Tonfall mit Bedacht, gerade am Telefon macht »der Ton die Musik«. Bleiben Sie immer freundlich.

Lautstärke: Passen Sie die Lautstärke Ihrer und der Umgebungssituation des Gesprächspartners an. Wenn nötig, versuchen Sie die Lautstärke zu maximieren, ohne zu schreien, und unterstützen Sie sie durch eine ausgeprägte Aussprache.

Sprechmelodie: Achten Sie auf dynamische Sprechmelodie und Betonung, die Interesse und Engagement widerspiegeln, aber übertreiben Sie nicht.

Sprechgeschwindigkeit: Finden Sie in den ersten Sekunden des Gespräches eine angemessene Sprechgeschwindigkeit.

Pausen: Beachten Sie, dass Sie dem Gesprächspartner genügend Zeit zum Verarbeiten der Information geben. Achten Sie auf ein gutes Verhältnis von Sprechgeschwindigkeit und Pausen.

Stimmlage: Finden Sie Ihre Indifferenzlage (siehe Seite 94), am besten bevor Sie zu telefonieren beginnen.

Verzögerungslaute: Vermeiden Sie Verzögerungslaute. Brauchen Sie kurz Zeit zum Nachdenken, formulieren Sie das lieber: »Moment, da muss ich kurz nachdenken!«

Spezialgebiet – Ansage

Als ich kürzlich am Bahnhof den Schaffner des Zuges nach Saarbrücken fragte, auf welchem Gleis der Zug abfahren würde (da sich das eigentliche Gleis in Umbauarbeiten befand), wies dieser mich daraufhin, dass ich doch bitte auf die Ansage hören solle, er wüsste es selbst nicht. Also warteten wir gemeinsam, und tatsächlich vernahmen wir nach kurzer Zeit eine menschliche Stimme durch die Lautsprecher, die etwas Ähnliches sagte wie: »Ä ug eksuakei ünnzehzeeh in Riäung aahücken ääht o Gleis euehhh.« Weder die volle Bahnhofshalle noch die Geschwindigkeit, mit der der Satz in die Menge geworfen wurde, erleichterte uns das Verstehen. Ratlos schauten wir uns an. Inzwischen waren auch noch andere Passagiere zu uns gestoßen, und so rätselten wir gemeinsam, was die geheimnisvolle Botschaft wohl zu bedeuten hätte. Schließlich zückte der Schaffner dankenswerterweise sein Mobiltelefon und fragte in der Zentrale nach, die ihm erklärte: »Der Zug 6083 (sechs, null, acht, drei), 15.10 Uhr (fünfzehn-zehn) in Richtung Saarbrücken fährt von Gleis neunzehn!«

Bei der Gestaltung von Durchsagen ist es von essenzieller Bedeutung, sich klarzumachen, in welcher Situation sich die Personen befinden, an die das Gesagte adressiert ist. In Flugzeugen sind die Passagiere vielleicht mit der Platzsuche beschäftigt, am Flughafen oder Bahnhof suchen die Reisenden noch nach einer Informationstafel, und im Kino steht gerade die Frage nach süßem oder salzigem Popcorn im Vordergrund. Grundsätzlich sollte man bei einer Ansage sich erst einmal die Aufmerksamkeit der Zuhörer verschaffen, bevor der eigentliche Inhalt übermittelt wird.

Das kann man z.B. dadurch erreichen, dass man den ersten Satz der Ansage wiederholt. Beispiel: »Informationen zum Zug Nummer 321 nach Lindenheim: …« Die Hörer erfahren erst zum Ende des Satzes, dass es sich um eine Durchsage für Passagiere von oder nach Lindenheim handelt. Erst durch die Erwähnung des Namens werden sie aufmerksam. In wenigen Sekunden fällen die Hörer die Entscheidung »interessiert mich« (denn ich will nach Lindenheim, und das ist mein Zug), »es könnte mich interessieren« (denn ich will in die andere Richtung, vielleicht bin ich dann auch betroffen) oder »interessiert mich nicht« (denn ich will und komme nicht aus/nach Lindenheim). Folgt der Anfang der Durchsage dann nochmals: »Informationen zum Zug Nummer 321 nach Lindenheim«, hört die erste Gruppe genau hin und die zweite kann sich nochmals bestätigen, dass es »nach« hieß und sie nicht zu interessieren braucht. Wird aber die komplette Information in einem Satz genannt, im schlechtesten Fall zu schnell und

Lenken Sie die Aufmerksamkeit auf die Durchsage. Das kann durch einen Gong oder ein anderes akustisches Zeichen passieren oder indem Sie den ersten Teil der Ansage wiederholen.

mit übertriebener Sprechmelodie, haben die Zuhörer gar nicht die Möglichkeit zu verstehen und zu filtern, ob die Informationen wirklich an sie gerichtet sind.

Ein Unternehmen hinterlässt durch die Musik oder Stimme, die in seiner telefonischen Warteschleife abgespielt wird, einen einprägsamen akustischen Eindruck.

Jedem noch so kleinen Unternehmen und besonders natürlich denjenigen, die sich mit Kommunikation beschäftigen, z. B. Telefonanbietern, sollte es ein Anliegen sein, den eigenen akustischen Auftritt so optimal wie nur möglich zu gestalten. Dass dieser das Gesamtbild einer Firma beeinflusst, ist vielen auch größeren Unternehmen immer noch nicht ganz bewusst – nur so lässt sich die akustische Folter in Warteschleifen und Sprachsystemen erklären.

Viele Firmen arbeiten zwar bereits an einer Verbesserung der Dialogführung, also daran, was das System antworten soll und wie das System auf die Antworten der Anrufer zu reagieren hat. Nur die wenigsten beschäftigen sich aber in diesem Zusammenhang auch mit dem Thema Stimme. Dabei gibt es inzwischen synthetische Stimmen, die der menschlichen sehr ähnlich sind, und diese könnten so ausgewählt werden, dass sie dem Unternehmensbild entsprechen, eine Bank beispielsweise »hört« sich anders an als ein Fitness-Studio oder Szene-Lokal. Es wäre auch denkbar, innerhalb eines Unternehmens je nach Abteilung unterschiedliche Stimmen zu verwenden. Bei einem Konzertveranstalter könnte beispielsweise für die Reservierung eine »Freizeitstimme« und für Beschwerden eine »ernste Stimme« eingesetzt werden. Hat man Wut im Bauch, weil die gerade mit der Post eingetroffenen Karten das falschen Datum tragen, wird eine heitere Stimme im lustigen Musikbett, die um etwas Geduld bittet, bevor man an einen freien Mitarbeiter weitergeleitet werden kann, kaum zur Besänftigung beitragen.

Bei Navigationssystemen ist man bereits auf die unterschiedlichen Hörvorlieben eingegangen. So kann sich der Fahrer aussuchen, ob eine Frauen- oder Männerstimme oder sogar die deutsche Stimme von George Clooney, Robert DeNiro, Julia Roberts oder Meg Ryan einem den Weg weist. Manchmal befriedigt aber auch dieses Angebot nicht. So erklärte mir ein Kölner Taxifahrer auf die Frage, warum er die Lautstärke seines Navigationsgerätes ausgestellt habe, er könne die Stimme der Frauen nicht ertragen. Die eine erinnere ihn an seine Mutter und die andere an seine Exfrau, und von Männern ließe er sich erst recht nichts sagen.

Machen Sie eine gute Ansage

1. Im ersten Satz muss die Information stecken, an wen sich die Ansage richtet. Wiederholen Sie den Satz.

2. Sprechen Sie klar, fest und mit einer deutlichen Lautstärke und Aussprache.

3. Sprechen Sie langsam. (Sie dürfen ruhig überdeutlich sprechen, denn hier liegt die absolute Priorität darauf, dass Sie verstanden werden und der Inhalt übermittelt werden kann.)

4. Sprechen Sie mit einer ausgeprägten Sprechmelodie, aber übertreiben Sie nicht.

5. Im Tonfall bleiben Sie sachlich und freundlich.

6. Vermeiden Sie, wenn es geht, Floskeln. Variieren Sie so oft wie möglich die Wortwahl und die sprachliche Struktur der Ansage. (Stellen Sie z.B. die Sätze um)

Berufsstimme

Wenn morgens das Telefon klingelt und Ihr(e) Partner/in plötzlich hellwach und berechnend Entscheidungen trifft, obwohl er/sie noch zehn Sekunden zuvor verschlafen beim Frühstück gesessen hat, erkennen Sie sofort (und das meist schon, bevor Sie den Inhalt in einen Zusammenhang stellen können), dass es sich nicht um ein privates, sondern um ein geschäftliches Telefonat handelt.

Was kennzeichnet nun dieses Stimmenprofil? Die Berufsstimme sollte im besten Fall Professionalität und Kompetenz vermitteln. Sie zeichnet Sie nicht als Privatperson aus, sondern als Funktionsträger. Deshalb gehört auch Emotionalität nicht zu ihren vorrangigen Kennzeichen. Selbst wenn Sie sich in einer emotional höchst angespannten Situation befinden, z. B. wenn Sie sich ungerecht behandelt fühlen, sollten Sie möglichst die Sachlichkeit in Ihrer Stimme bewahren. Das beweist einerseits Professionalität, anderseits schützt es Sie auch davor sich preiszugeben. Ein Wutausbruch oder eine zittrige Stimme eröffnet jedem Zuhörer einen tiefen Einblick in Ihre ganz persönliche Befindlichkeit – und die sollte möglichst privat bleiben. Das heißt aber nicht, dass eine Berufsstimme nicht engagiert, mitreißend und lebhaft klingen kann. Im Gegenteil: Bei einer Präsentation oder wenn Sie einen Vortrag halten, müssen Sie Ihre Zuhörer für Ihr Anliegen begeistern können, und dazu benötigen Sie eine engagierte Stimme.

Die Berufsstimme besitzt eine große Variationsbreite. Abhängig davon, ob Sie sich gut oder weniger gut mit Ihren Kollegen und Vorgesetzten verstehen und ob Sie zu einigen der Personen auch privat in Kontakt stehen, variiert dieses Stimmprofil. Ist die Beziehung zu einem Kollegen rein geschäftlicher Natur, kann sich das auch in der Stimme ausdrücken. Und wenn die Zusammenarbeit mit dieser Person zu den weniger schönen Seiten Ihres Berufslebens zählt, können Sie mit Hilfe der Stimme eine gewisse professionelle Distanz schaffen. Das kann Ihnen helfen, möglichen Anfeindungen mit Abstand zu begegnen, Sie müssen nur aufpassen, dass diese Stimmvariante nicht wie eine »Maske« wirkt, die Sie aufsetzen, sobald Sie in Kontakt mit diesem Menschen kommen. Gerade in beruflichen Situationen

Sie sollten bei einem Vortrag ihr Publikum durch Begeisterung mitreißen. Eine persönliche Abneigung gegenüber einem Ihrer Kollegen oder einem Projekt sollte dagegen nicht hörbar sein.

ist bei aller Professionalität unabdingbar, dass Sie von den Gesprächspartnern als »authentisch« wahrgenommen werden. Es ist unmöglich, Zuhörer von einem Ziel zu überzeugen, wenn man selbst nicht überzeugend und glaubwürdig klingt.

Sie können die Art und Weise, wie Sie in Ihrem Beruf sprechen, trainieren, sodass Sie sich mit diesem Sprechstil möglichst wohl und vertraut fühlen und dieses Gefühl auch Ihrem Gegenüber vermitteln. Dabei können Sie zugleich persönlich und professionell klingen; das ist kein Widerspruch. Schließlich ist das berufliche Umfeld eines, in dem es sich selbst und die eigenen Ideen und Vorschläge zu präsentieren gilt, unterstützt durch Auftreten, Argumente und Inhalte. Egal, wie Ihre Berufsstimme ausfällt, immer gibt sie ein Bild von Ihnen ab, daher müssen Sie mit Bedacht auf ihren Klang achten.

Wie wichtig Ihre Stimme im Beruf ist, hat eine österreichische Umfrage von 2006 gezeigt, die sich mit der Verwendung der Stimme als ein ausschlaggebendes Karrieremerkmal beschäftigt. Die von stimme.at ins Leben gerufene Studie »Karrierefaktor Stimme« untermauert, was sich viele bereits gedacht haben: Irgendwie scheinen wir alle zu wissen, dass Stimme gerade auch unbewusst wirkt, aber was genau die objektiven Merkmale sind, blieb lange ungeklärt. Interessante Ergebnisse förderte die Untersuchung zutage. Zum Beispiel gaben die befragten Führungskräfte an, dass die Mehrheit von ihnen die Stimme, in Bezug auf Karriere, für bedeutend (53 Prozent) oder gar sehr bedeutend (23 Prozent) halten. Allerdings sind nur sieben Prozent der Befragten mit ihrer eigenen Stimme sehr zufrieden. Warum das der Fall ist, ist zunächst schleierhaft, immerhin halten 97 Prozent der Befragten die Stimme und Sprechweise für trainierbar. Eine andere Studie mit dem vielsagenden Titel »Wirtschaftsfaktor Stimme« (2004), die ebenfalls von stimme.at in Auftrag gegeben wurde, stellt sogar fest, dass sich zwar 80 Prozent der österreichischen Führungskräfte darüber im Klaren sind, dass die Stimme einen wesentlichen Eindruck hinterlässt, jedoch erst 25 Prozent ein professionelles Stimmtraining genutzt haben.

Das spiegelt auch die in Deutschland weitverbreitete Situation zum Thema Stimme wider. Die Bedeutung der Stimme und des akustischen Erscheinungsbildes ist zwar bekannt, erhält aber bei weitem noch nicht die ihr zugehörige Beachtung. Es wird in Österreich wie auch hierzulande noch zu wenig Gewicht auf die Optimierung des professionellen akustischen Eindrucks gelegt.

Dabei gilt im Berufsleben ohne Einschränkungen: Ihre Meinungen und Aussagen repräsentieren Sie in Ihrer

Kompetenz und Professionalität nicht zuletzt durch die Art und Weise, wie Sie diese kundtun. So wie Sie sprechen, werden Sie wahrgenommen. Im Beruf machen sich nur wenige die Mühe, die Menschen kennenzulernen, die hinter den Anzügen, Kostümen, Uniformen stecken. Daher ist es wichtig, dass Sie andere (Vorgesetze, Kunden, Kollegen, Publikum) schon vom ersten Augenblick an von sich begeistern und deren Interesse wecken.

Wenn Sie einen wichtigen Vortrag planen oder ein bedeutendes Anliegen vortragen möchten, dann überlegen Sie sich wahrscheinlich bereits im Vorfeld, wie Sie den Inhalt am besten übermitteln können und auch, welche Kleidungsstücke Sie wählen. Die gleiche Beachtung und Vorbereitung sollten Sie auch Ihrer Stimme schenken.

Das professionelle Gespräch

Viele Gespräche im Berufsalltag ergeben sich spontan und lassen sich deswegen nicht weiter vorbereiten. Doch auch eine nur geringe Vorbereitungszeit kann effizient für die Stimme genutzt werden.

In 15 Sekunden auf der Höhe Ihrer Stimme

1. Trinken Sie einen Schluck. (Am besten einen warmen Tee, notfalls Kaffee.)
2. Entspannen Sie sich. Legen Sie die Hände auf den Bauch, senken Sie die Schultern und atmen Sie vier- bis fünfmal tief ein und aus!
3. Lockern Sie Mund, Zunge, Kiefer und Lippen.
4. Brummen Sie drei- bis fünfmal kurz in Ihrer Indifferenzlage.
5. Sprechen Sie dreimal mit fester, gut hörbarer Stimme: »Das wird mir gelingen!«

6. Nehmen Sie sich vor, »aus dem Bauch« zu sprechen, konzentrieren Sie sich darauf, Mund, Zunge, Kiefer und Lippen entspannt zu lassen.

7. Sprechen Sie sich ein wenig ein, bevor es losgeht!

Vorstellungsgespräche, Gehaltsverhandlungen, Mitarbeitergespräche, Kundenkontakte – das sind Ereignisse, auf die Sie sich in der Regel etwas einstellen können. Ein schlecht oder gar nicht vorbereitetes Gespräch ist für alle Beteiligten nur Zeitverschwendung. Erkundigen Sie sich wenn möglich bereits vor dem Gespräch nach dessen Inhalt. Formulieren Sie die Antworten, sprechen Sie die Dialoge, die Sie sich vorstellen können, laut aus. Dadurch können Sie Formulierungen verfassen und sich selbst korrigieren. Dies ist selbstverständlich keine hundertprozentige Vorhersage, aber Sie haben sich mit der Situation schon mal auseinandergesetzt und mögliche Szenarien durchdacht und durchgespielt.

Einige Tipps zur Vorbereitung eines professionellen Gesprächs:

1. Versuchen Sie, in einem Satz zusammenzufassen, welche Botschaft Sie vermitteln wollen. Diesen Satz sollten Sie ohne »ähs« und »ehms« und mit fester, bestimmter Stimme vortragen können. Wenn Ihnen dieser Satz einleuchtet, gibt es keinen Grund zögerlich zu sein. Dies ist Ihr Standpunkt.

2. Machen Sie sich mit dem Wortschatz vertraut, der auf Sie zukommt. Häufig gibt es Eigennamen oder Markennamen, bei denen nicht ganz einleuchtend ist, wie diese ausgesprochen werden sollen. Auch Ortschaften oder Fremdwörter sind nicht selten Stolpersteine. Es gibt Aus-

sprachewörterbücher in fast jeder Sprache und auch die Möglichkeit, bei den jeweiligen Konzernen und Verantwortlichen anzurufen und nachzufragen. Sprechen Sie sich die neuen Wörter so lange vor, bis sie Ihnen keine Schwierigkeiten mehr bereiten.

3. Wenn Sie genügend Zeit haben oder konkret gar kein Gespräch ansteht, halten Sie sich selbst einen freien (schreiben Sie ihn also nicht vorher auf) Vortrag über das bzw. ein beliebiges Thema. Bestenfalls nehmen Sie ihn auf. Sie müssen Sich nicht alles anhören, aber Sie werden merken, dass Sie ganz anders sprechen, als Sie meinen dies zu tun. Durch die freie Rede ordnen Sie Ihre Gedanken und Formulierungen und können gegebenenfalls am Wortschatz oder einzelnen Details weiter feilen. Das kann während des Autofahrens, beim Spazierengehen oder Zwiebelschneiden sein. Hauptsache, Sie sprechen laut (also nicht nur in Gedanken) und hören sich selbst zu. Hierbei ist es sinnvoll, auch die Intonation, also die Sprechmelodie, zu üben. Auf welchen Wörtern liegt die Betonung? Wird der Inhalt des Gesagten verändert, wenn ich die Betonung auf eine andere Silbe oder ein anderes Wort lege? Verwende ich viele Verzögerungslaute? Mache ich immer nach der gleichen Zeit eine Pause? Sind die Pausen zu lang oder zu kurz? Gibt es andere Auffälligkeiten? (Schmatzen, leichtes Lispeln etc.)

Darauf sollten Sie achten!

— Eine wohlklingende, feste Stimme vermittelt den Eindruck, dass Sie insgesamt gut vorbereitet und nicht gerade erst aus dem Bett gefallen sind. Sie wirken kompetent. Unmittelbar bevor Sie sich zu dem Gespräch begeben, sprechen Sie. Sie können auch etwas laut aufsagen oder:

Singen Sie ruhig! Die Stimmbänder kommen in Schwung und schwingen von allein, während Sie sich auf das Gespräch konzentrieren können.
- Prüfen Sie vor Beginn des Gesprächs Ihre Haltung. Sitzen Sie aufrecht und unverkrampft. Wenn Sie die Wahl haben und Ihr Gesprächspartner auch steht, bleiben Sie ruhig stehen. Die aufrechte Sitzposition und die stehende Körperhaltung beinhalten die geringste Anzahl möglicher Störfaktoren für die Stimme und bieten die größte Bandbreite an möglichen Stimmprofilen.
- Bereiten Sie sich und Ihre Atmung wie im Kapitel »Atmung« beschrieben auf das Gespräch vor und sprechen Sie mit einer festen, gut hörbaren Stimme und einer klar und deutlichen Aussprache (siehe Kapitel »Aussprache«).

Sprechmelodie

Ob Sie eine Präsentation halten oder sich in einer Besprechung mit Kollegen befinden, die normale Berufsstimme bleibt sachlich, distanziert und freundlich, aber bestimmt.

In den wenigsten Berufen gibt es so viel Abwechselung, dass die Kollegen oder andere Zuhörer jeden Tag von Neuem allein durch die Thematik begeistert werden können. Deshalb müssen Sie auf anderem Wege um die Aufmerksamkeit des Publikums werben. *Sprechmelodie verschafft Interesse!* Je einfacher Sie Ihrem Publikum das Zuhören gestalten, desto mehr wird Ihnen zugehört werden. Wenn Sie sich um das Verständnis der Zuhörer bemühen, wird sich das positiv auf Ihre Resonanz auswirken. Die Zuschauer schalten schnell ab, wenn sie bereits anhand Ihrer Sprechmelodie erahnen können, dass ein wenig mitreißendes Thema auf sie zukommt. Und selbst wenn das Thema hochinteressant ist, können über einen gewissen Zeitraum vorgetragene eintönige Sätze die positive Erwartungshaltung und die Aufmerksamkeit des Publikums ruinieren.

Sprechgeschwindigkeit

Wählen Sie bewusst eine freundliche Sprechweise mit einem mittleren Sprechtempo. Dadurch drücken Sie Souveränität aus und zeigen, dass Sie Ihre Gesprächspartner ernst nehmen. Ein sehr schnelles Sprechtempo, ohne Pausen und womöglich mit vielen Verzögerungslauten, vermittelt den Eindruck, als wollten Sie entweder schnell fertig sein, vielleicht aus Angst, vielleicht aus Unkenntnis des Themas, oder als seien Sie sehr aufgeregt und fühlten sich in der Situation nicht wohl. Unzählige Gründe lassen sich finden, warum eine Person durch ein Gespräch hetzt, und ebendiese Gedanken werden Ihrem Gegenüber durch den Kopf gehen. Es gibt nur leider kaum positive Gründe dafür.

Ein zu langsames Sprechtempo dagegen wirkt langatmig und wird Ihre Zuhörer eher in den Schlaf wiegen als ihr Interesse wecken!

Pausen und Verzögerungslaute

Da geschäftliche Gespräche meist eine hohe Priorität besitzen und in der Regel nicht wiederholbar oder revidierbar sind, sollte Ihnen viel daran liegen, dass der Gesprächspartner auf Anhieb versteht, was Ihr Anliegen ist. Daher sind Pausen wichtig. Der Angesprochene hat dementsprechend Zeit, das Gesagte zu verarbeiten und darauf zu reagieren. Pausen sollten koordiniert werden, und nach jedem Gedankengang sollte eine kurze Pause erfolgen. Versuchen Sie aber auch, die Pausen nicht gleich lang zu gestalten und die Abstände zwischen den Pausen zu variieren. Das klingt schwieriger, als es ist. Es geht aber nur darum, nicht nach jedem Satzzeichen, also hinter jedem Punkt oder Komma, eine Pause zu machen. Beim Vorlesen werden Pausen anders gehandhabt als beim freien Sprechen. »Frei« besagt, dass der Sprecher frei heraus spricht. Die Rede ist zwar vorbereitet, aber eben nicht auswendig gelernt oder gar abgelesen!

Es versteht sich von selbst, dass Sie Pausen dort setzen, wo Sie atmen müssen. Verzögerungslaute hingegen sollten Sie möglichst vermeiden. Sie stellen, wenn sie mit zunehmender oder regelmäßiger Häufigkeit vorkommen, ein Kriterium dar, das durchweg negativ bewertet wird. Gerade bei wichtigen Gesprächen sollte man meinen, dass die Themen gut genug vorbereitet wurden, sodass Wortschatz, Wortwahl und Inhalt bekannt sind und der Gesprächspartner nicht zu zögern braucht. Verzögerungslaute vermitteln, wie der Name schon sagt, dass man bei der Antwort zögert, also unsicher ist. Und wie wollen Sie einen selbstsicheren, positiven Eindruck hinterlassen, wenn Sie ständig zögern?

In der freien Rede kann man Pausen nutzen, um Zusammenhänge auch zusammenhängend zu präsentieren.

Es wird Tage geben, an denen Sie sich besser ausdrücken können und weniger Verzögerungslaute verwenden als an anderen. Sollten Sie einmal einen schlechten Tag haben und es fällt Ihnen selbst auf, dass Sie ohne diese Laute nicht auskommen, dann folgen Sie zumindest diesen kleinen Tipps, stets nach der Prämisse, dass einzelne Faktoren andere ausgleichen können:

1. Arbeiten Sie mit ausgeprägter Sprechmelodie, und versuchen Sie dadurch mehr Interesse zu wecken.

2. Machen Sie kürzere Sätze, damit der Sprachanteil überwiegt.

3. Versuchen Sie eine kurze (!) Pause einzubauen, bevor Sie auf eine Frage antworten. Diese Zeit können Sie nutzen, um den Satz möglichst verzögerungsfrei vorzubereiten.

4. Variieren Sie Ihre Sprechgeschwindigkeit, manchmal kann man entstandene »Sprechmuster« durchbrechen, wenn man auch die anderen Sprechmuster variiert. Sprechen Sie mal schneller, mal langsamer, es könnte sein, dass sich das positiv auf die Verzögerungslaute auswirkt.

5. Entspannen Sie sich bewusst.

6. Atmen Sie nicht unbedingt absichtlich tief ein, bevor Sie beginnen zu sprechen. Das hat häufig zur Folge, dass die gestaute Atemluft zu schnell herausgepustet und somit unökonomisch verwendet wird. Dadurch können die ersten Wörter des Satzes zu schnell und zu laut werden und in einem Missverhältnis zu dem Rest des Satzes stehen, bei dem Ihnen dann die Luft ausgehen könnte.

Der Vortrag, die Präsentation

Seien Sie kreativ! Die Stimme und unsere Sprechweise bieten uns unzählige Möglichkeiten, einen mitreißenden Vortrag oder eine gelungene Präsentation zu gestalten. Nur weil bislang alle Vorträge einem standardisierten Ablauf folgten, heißt das nicht, dass sich nicht durch eine moderate Veränderung der Sprechgeschwindigkeit noch etwas mehr Leben in die Sache bringen lässt. Wenn Sie innerhalb eines Satzes oder Gedankenganges mit der Sprechgeschwindigkeit oder der Intonation spielen, wird Ihnen Ihr Publikum mehr Aufmerksamkeit schenken. Bauen Sie zum Beispiel Fragen ein, die nicht beantwortet werden müssen, verwenden Sie Suggestivfragen wie »Und warum sollten wir nun die Aktie zeichnen?«. Das Erhöhen und Verändern der Melodie durch diese Fragestellung gestaltet den Vortrag lebendiger, dem Publikum wird das aktive Zuhören erleichtert.

Ein Vortrag ist ein Dialog, kein Monolog. Sprechen Sie jedoch nach einem vorhersehbaren Sprechmuster und verwenden dazu immer wieder die gleichen Floskeln, wird Ihnen die Aufmerksamkeit Ihres Publikums spätestens nach zehn Minuten abhandengekommen sein. Vermeiden Sie deshalb jegliche Art von floskelhaften Redewendungen und Ausdrucksweisen, denn Sie lenken von dem ab, was Sie sagen möchten.

Das Bullshit-Bingo

In einigen Büros werden während Präsentationen, möglichst ohne dass es der Chef mitbekommt, Bingospiele mit Floskeln verteilt. Das Publikum kann ankreuzen, wenn eine dieser Floskeln verwendet wurde, die auf dem Bingoschein stehen. Ein Bingoschein aus dem Bereich »Marketing« kann zum Beispiel so aussehen:

das hat Herr/Frau XY übernommen
das haben wir immer schon so gemacht

nicht unsere Aufgabe
das muss kundengerecht formuliert werden
Fragebogen
Marketingbudget
Produktlebenszyklus
Produktmanagement
das kauft keiner
Preiselastizität
zu teuer
Cashcow
Mitbewerber
ich bin nicht zuständig
Kunde
die Technik kann das nicht realisieren[*]

Wenn Sie nicht ins Marketing gehören, entwerfen Sie Ihr eigenes Bingospiel. Am Ende haben Sie dann alle Floskeln, die bestimmt niemand mehr hören kann – und die Sie, wenn möglich, aus Ihrem Vokabular streichen sollten.

Auch Verballhornungen wie »zum Bleistift« oder »Tschö mit ö« oder Verniedlichungen wie »Frau Hammel ist gerade ein Käffchen trinken gegangen« und »Tschüssi« sollten konsequent vermieden werden.

Nichts ist langweiliger als eine vorhersehbare Rede. Bezogen auf die Sprechgeschwindigkeit bedeutet dies: Sprechen Sie zügig und nicht monoton und beschleunigen Sie hin und wieder zum Satzende hin, aber stellen Sie sicher, dass Sie verstanden werden.

[*] siehe: http://www.bsbingo.de

Um mühelos verstanden zu werden, müssen Sie laut genug sprechen. Wenn Sie damit Schwierigkeiten haben, versuchen Sie besonders akzentuiert und deutlich zu sprechen. Dadurch können Sie die mangelnde Lautstärke kompensieren. Je deutlicher und mehr Sie Ihre Sprechwerkzeuge, Ihren Mund, Ihre Zunge und Lippen, bewegen, desto besser verteilt sich der Schall im Raum und desto besser können Sie verstanden werden. Teilen Sie Ihre Atmung so ein, dass Sie auch am Ende des Satzes noch hörbar sind. Das Publikum verdient, auch das Satzende noch hören zu können, denn es liegt ein unverkennbarer Unterschied in den Sätzen »Wir haben unsere Meinung über die Firma« und »Wir haben unsere Meinung über die Firma geändert«.

Deutlich gesprochene Sprache wirkt lauter als gleich laute undeutlich gesprochene Sprache.

In kleineren Sitzungen mit bis zu ca. zehn Teilnehmern, die alle beieinandersitzen, können Sie sitzen bleiben, wenn Sie etwas sagen möchten. Meist jedoch macht es einen besseren Eindruck, wenn Sie stehen. Vor einem größeren Publikum sollten Sie Ihren Vortrag immer im Stehen halten. Ihre Stimme wird über die Köpfe hinweg getragen und kann Ihre Zuhörer besser erreichen. Bleiben Sie jedoch sitzen, befinden Sie sich auf der gleichen Höhe wie Ihr Publikum, die hinteren Reihen werden Sie bereits nicht mehr so gut hören können wie die vorderen, da der Schall mit jeder Zuschauerreihe stark gedämpft wird.

Vor dem Vortrag:

– Formulieren Sie den Text nicht aus! Um nicht der Versuchung zu erliegen, den Text vom Blatt mit monotoner

Stimme abzulesen, beschränken Sie sich auf Stichworte. Diese schreiben Sie am besten auf durchnummerierte (!) Karteikarten in großer, auch mit einigem Abstand gut lesbarer Schrift. Je Karte ein Gedankengang. Der Kartenwechsel zwingt Sie dazu, Pausen zu machen. Neben die einzelnen Stichworte können Sie in einer Spalte auch »Regieanweisungen« schreiben, wie z. B. ein ! für etwas sehr wichtig zu Betonendes, oder »langsam sprechen«, wenn ein Gedankengang etwas komplexer ist, oder »aufschauen!«, wenn Sie dazu neigen, während Ihres Vortrages Ihr Publikum aus den Augen zu verlieren.

– Direkt vor dem Auftritt: Adrenalin können Sie durch Bewegung oder durch Entspannungstechniken abbauen. Deshalb gehen Sie etwas auf und ab und bewegen sich ein wenig. Oder ballen Sie die Fäuste ganz fest zusammen und lösen nach kurzer Zeit die Spannung wieder. Das geht auch mit anderen Muskelgruppen. Spannen Sie den Po oder die Beine an, und entspannen Sie wieder.

– Denken Sie daran, sich ein Glas Wasser hinzustellen.

Notfallmaßnahmen während des Sprechens

(Sie merken, dass Sie zögern, unsicher sind oder nicht sprechen wie geplant):

– Machen Sie eine kurze Pause, schauen Sie in die Runde. Keiner wird es Ihnen negativ auslegen. Im Gegenteil: Sprechpausen sind willkommene Denkpausen.

– Trinken Sie einen Schluck.

– Atmen Sie ruhig und tief ein, die Schultern bleiben unten, der Brustkorb weitet sich. (Versuchen Sie darauf zu achten, dass die Atmung nicht hörbar ist.)

- Überprüfen Sie Ihre Körperhaltung. Nehmen Sie die Schultern zurück, stehen bzw. sitzen Sie aufrecht und gerade, aber entspannt? Sind Kehlkopf und Hals entspannt?
- Konzentrieren Sie sich darauf, »aus dem Bauch« zu sprechen! (Legen Sie ruhig eine Hand auf den Bauch.)
- Lassen Sie jemand anderen zu Wort kommen und nutzen die Zeit, Ihren Mundraum bewusst und unsichtbar zu entspannen.
- Wenn Sie den Faden verloren haben, entschuldigen Sie sich kurz, und rollen Sie den Gedankengang von Neuem auf.

Arbeiten Sie mit einem Mikrofon, überprüfen Sie unbedingt die Lautstärke, bevor die Sitzung beginnt. Am besten, bevor das Publikum eintrifft. Dieser Aspekt wird häufig unterschätzt, trägt aber sehr zum professionellen Eindruck bei. Sprechen Sie einen kurzen Satz, z. B. »Kein Kleinkind kann Kirschkerne knacken«, in das Mikrofon, um zu überprüfen, ob die Lautstärke zu Beginn des Satzes nicht übersteuert, also zu laut, und am Ende des Satzes noch laut genug ist. Bitte pusten, husten oder klopfen Sie dazu nicht ins Mikro. Das ist für die eventuell bereits anwesenden Zuhörer eine Qual.

Ein Mikrofon überträgt den Schall, wenn es gut ausgerichtet ist, in beinahe jede Ecke des Raumes. Es wird aber kein genuscheltes Wort deutlicher klingen lassen. Es verstärkt die Lautstärke von allem, was Sie sagen. Dabei überträgt es nicht nur Sprache, sondern alle Geräusche, die es empfängt. Also auch Huster und nervöses Schmatzen oder Räuspern werden vielfach verstärkt. Ich kann es gar nicht oft genug sagen: Je leichter Sie das Zuhören für das Publikum gestalten, desto länger wird es Ihnen Aufmerksamkeit widmen.

Bei Vorträgen haben Sie oftmals Hilfsmittel in Form von digitalen Präsentationen über einen Beamer oder Handouts zur Hand. Es ist wichtig, dass Sie dadurch nicht Ihre Rolle aus der Hand geben. Sie müssen die Aufmerksamkeit auf sich lenken und auf das, was Sie gerade sagen und formulieren. Daher seien Sie spontan, wechseln Sie die Geschwindigkeit, denn das ist *Die digitale Präsentation soll Ihre Rede unterstützen, und nicht umgekehrt.* für den Zuhörer immer ein Zeichen für etwas Neues. Ob mit oder ohne Mikrofon: Sprechen Sie immer dem Publikum zugewandt. Häufig passiert es, dass man auf einen bestimmten Punkt der Präsentation hinweisen möchte. Man dreht sich in Richtung der Leinwand, und dorthin geht dann auch der Sprachschall. Verwenden Sie ein Mikrofon, bleibt die Übertragung des Sprachschalls zwar gewährleistet, aber »das Auge hört mit«. Sie bleiben besser verständlich, wenn Sie stets sichtbar sind.

Machen Sie Pausen am Ende des Satzes, um den Zuhörern Platz für eigene Gedanken zu lassen. Schließt der Vortrag unterschiedliche Themengebiete ein, machen Sie eine kurze Pause nach jedem Thema. Trinken Sie einen Schluck Wasser, und weiter geht's. Dadurch sind die Köpfe Ihrer Kollegen wieder frei, und Sie können weitermachen. Ein Vortrag soll schließlich auch zum Denken anregen, und es ist Ihre Aufgaben, den Raum dafür zu schaffen.

Und natürlich noch eins: Achten Sie dringend darauf, kurz vor Ihrem Vortrag den Mund zu leeren, denn ständige Pausen, die allein dem Schmatzen und Schlucken von Essensresten dienen, sind unerträglich. Es ist wohl selbstverständlich, dass Vorträge oder berufliche Gespräche niemals mit einem Kaugummi oder einem Bonbon im Mund geführt werden. Auch nicht, wenn Sie am Tag vorher Knoblauch gegessen haben. Ein Bonbon oder Kaugummi behindert die Aussprache, fördert den Speichelfluss und führt zu Schmatzgeräuschen oder ständigem Schluckreiz.

Ihre beste Berufsstimme

Stimmlage: Sprechen Sie mit Ihrer festen und überzeugten Indifferenzlage.

Tonfall: Bleiben Sie freundlich, aber bestimmt. Biedern Sie sich nicht an. Seien Sie überzeugt von Ihrem Thema und geben Sie das mit Ihrer Stimme zum Ausdruck.

Lautstärke: Bemühen Sie sich darum, von jedem verstanden zu werden, aber schreien Sie nicht. Achten Sie auf eine konstante Lautstärke, und werden Sie am Ende der Sätze nicht leiser!

Aussprache: Bemühen Sie sich um eine gezielte und deutliche Aussprache. Erleichtern Sie Ihrem Gegenüber das Verstehen.

Sprechgeschwindigkeit: Spielen Sie mit der Sprechgeschwindigkeit, sprechen Sie zügig. Achten Sie aber darauf, nur so schnell zu sprechen, wie Ihre Aussprache noch gut verständlich ist.

Pausen: Machen Sie die Pausen nicht zu lang! Geben Sie aber genügend Spielraum für Einwände und die gedankliche Verarbeitung des Gesagten.

Sprechmelodie: Variieren Sie sie und erhalten Sie das Interesse der Zuhörer!

Verzögerungslaute: Versuchen Sie auf Verzögerungslaute zu verzichten!

So sprechen wie die Profis?

Im Rahmen einer beispielhaften Seminararbeit von 2002, in der die PRO7-Nachrichten mit der ARD-Tagesschau verglichen wurden, wurde festgestellt, dass sich beide Nachrichtensendungen nicht nur deutlich vom Inhalt unterschieden, sondern dass es auch eine große Differenz in der Sprache der Moderatoren gibt. In der privaten Nachrichtensendung war zum einen der Sprechanteil um die Hälfte geringer als bei der öffentlich-rechtlichen Sendeanstalt, zum anderen wurden deutlich mehr Pausen gemacht. Das führte zu dem Ergebnis, dass bei den PRO7-Nachrichten in einer kürzeren Moderationszeit, die dann mit vielen Pausen gespickt war, dementsprechend weniger Informationen vermittelt werden konnten. Darüber hinaus bemühte sich der private Sender in der Sprachgestaltung auffällig um Volksnähe. So verwendeten die Moderatoren gelegentlich lapidare Bemerkungen über den eigenen Lottoschein oder das Wetter, und auch die auffällige Zahl an Verzögerungslauten unterstreicht dieses Anliegen. Es gab häufiger Versprecher oder flapsige Aussagen wie zum Beispiel die Anmoderation eines Sportbeitrages: »Ja, ja, diese Scheiß-Schale …« Der Begriff der »Scheiß-Schale« (gemeint ist der Pokal der Deutschen Fußball Meisterschaft) ist aus einem Interview übernommen, wäre jedoch in einem Tagesschau-Beitrag schwer vorstellbar.

So sprechen die Tagesschau-Moderatoren eine weitaus deutlichere und bewusster artikulierte Standardsprache als die Moderatoren der PRO7-Nachrichten, die ihren Zuschauern die Meldungen auch durch die verwendete Sprache und Stimme emotionalisieren möchten und dem Publikum dadurch schmackhaft machen wollen.

Dazu dienen auch bestimmte sprachliche Stilmittel, wie z. B. die Alliteration, die nicht nur im Nachrichtenprogramm, sondern auch bei der nachmittäglichen Fernsehsendung »taff«, die ebenfalls auf PRO7 beheimatet ist, überdurchschnittlich eingesetzt werden.

In einem Beitrag über das Privatleben des ehemaligen Tennisprofis spricht man von: »Boris Beckers Besenkammer-Blitzbegegnung«.

Und in einer weiteren Anmoderation für ein und denselben Beitrag verwenden sogar beide Moderatoren dieses auffällige Stilmittel. Da spricht der Moderator über den »Showdown auf dem Schloss vom schrillen Sir Ivan«, während die Moderatorin noch erwähnt, die »Schwiegermutter in spe steht ganz spontan auf der Matte«.

Was zunächst kreativ erscheinen kann, wird vorhersagbar und störend. Die Moderatoren lesen dabei den vermeintlich frei gesprochenen Text von einem Teleprompter ab. In den meisten Fällen halten sie dabei noch Karteikarten in der Hand, in der Regel mit dem Sendungslogo, um den Eindruck der frei gesprochenen Rede zu erwecken. Viele Moderatoren geben sich beim Verfassen dieses Textes zwar Mühe, ihn so klingen so lassen, als sei er frei gesprochen, doch das Gesagte bleibt trotzdem vorformuliert und entspricht nicht der spontanen Sprache. Dieser Tatsache sollte man unbedingt Beachtung schenken, denn ein Text, der augen- und ohrenscheinlich klingen soll, als sei er frei gesprochen, allerdings deutliche Anzeichen eines geschriebenen Textes aufweist, wirkt zunächst einmal nicht authentisch. Alliterationen und auch andere Stilmittel kommen zwar auch in der Alltags- und spontanen Sprache vor und sind dann auch häufig erheiternd und auflockernd, jedoch treten sie viel seltener auf, als das im oben genannten

Beispiel der Fall ist, daran ändern auch eingebaute Versprecher nichts.

Die ARD-Tagesschau dagegen ist auf eine präzise Aussprache bedacht. Hierdurch wird die Sachlichkeit der Berichterstattung untermauert. Die Nachrichten-Moderatoren haben Zugriff auf eine Aussprachedatenbank, deren Mitarbeiter sich ausschließlich darum bemühen, nicht eindeutig aussprechbare Wörter zu identifizieren und die Aussprache wenn nötig dem Deutschen anzunähern. Nach diesen »Ausspracheempfehlungen« richten sich dann die Sprecher. Die sprachliche Routine, der sich wiederholende Satzbau und die konstante Wortwahl der Tagesschau sind zu ihrem zuverlässigen Markenzeichen geworden.

Dieser hohe sprachliche Qualitätsanspruch lässt aber nicht verleugnen, dass unter der Zuschauern immer öfter der Eindruck entstand, die Nachrichten hörten sich immer gleich an.

Der Professor für Germanistik Ulrich Schmitz hat in seiner groß angelegten Studie im Rahmen seiner Habilitation in den 1990er-Jahren herausgefunden, dass sich nicht nur die Zusammensetzungen der einzelnen Sendungen ähneln (»Politiker besuchen einander, Verhandlungen werden geführt oder platzen, Konfliktherde schwelen, Bomben gehen hoch, Flugzeuge stürzen ab, Wechselkurse schwanken, und zum Schluß etwas Erfrischendes aus Sport oder Kultur«), sondern dass die Tagesschau stets die gleichen oder einander stark ähnelnde Sprach- und Satzstrukturen verwendet. Dafür untersuchte er maßgeblich jeweils alle Tagesschau-Hauptausgaben von zwei Monaten der Jahre 1978 und 1988 und kam zu einem deutlichen Ergebnis: »Jede Sendung ist ein neues Spiel mit alten Karten.« Die floskelhaften Standardelemente der Tagesschau-Sprache werden jedoch nicht nur jeden Tag aufs Neue gemischt, sie werden zusätzlich mit zeit- und sinngemäßen Bezügen, Namen, Ereignissen etc. vermischt, um den aktuellen Bezug herzustellen. Dazu wird übermäßig häufig (ca. dreizehnmal mehr als in anderen schriftlichen deutschen Texten) das Wort »heute« verwendet, um dem Zuschauer zu verdeutlichen, dass der Bericht eine Relevanz für das Tagesgeschehen aufweist. Andere Textpassagen hingegen sind so wenig individuell, dass sie einem beliebigen Jahr entspringen könnten. Als Beispiel wählt Schmitz den Satz: »Rundherum zerstritten zeigten sich heute Regierungskoalition und Opposition im (…) Bundestag.«

Wenn wir die sprachliche Routine der Tagesschau betrachten, müssen wir uns fragen, ob diese der Aufmerksamkeit der Zuschauer dienlich ist und ob die Verständlichkeit der Sendung dadurch gewahrt bleibt.

Was können wir »normalen« Sprecher nun von den Profis lernen? Zum einem, dass es nicht unbedingt erstrebenswert ist, so zu sprechen wie die Nachrichtensprecher oder sonstige Moderatoren in den Medien, weil in einem Fall die vermeintlich lockere Sprechweise wenig authentisch und gezwungen klingt und im anderen Fall die stereotype Sprachwahl, die Seriösität vermitteln soll, eher ermüdend wirkt.

Zum anderen, dass die Authentizität, die wir als Ziel vor Augen haben sollten, wenn wir uns mit den verschiedenen Sprech- und Stimmweisen beschäftigen, sich nicht herstellen lässt, wenn wir ein bestimmtes Sprachmuster kopieren. Sie brauchen kein weiteres stimmliches Vorbild. Authentizität heißt in unserem Fall: stimmlich und sprachlich Sie selbst zu bleiben.

Versuchen Sie nicht etwas zu suggerieren, was Sie nicht sind oder können. Zumindest nicht stimmlich.

Schmeichelstimme

Sie möchten auf der Party Ihr Gegenüber nicht nur von den Reizen der griechischen Inseln überzeugen, im Vorstellungsgespräch nicht allein Ihre Zeugnisse sprechen lassen. Sie wollen Ihren Partner zu einem Film überreden, der nicht gerade in sein Lieblingsgenre fällt, oder Ihre 15-jährige Tochter für einen Sonntagsspaziergang begeistern – in all diesen Situationen werden Sie Ihre Gestik, Mimik und vor allem Ihre Stimme einsetzen, um eine Atmosphäre zu schaffen, in der Ihr Anliegen die möglichst günstigen Voraussetzungen hat, positiv aufgenommen zu werden.

Verzichten Sie beim Schmeicheln auf falsche Komplimente und klingen Sie nicht gekünstelt und/oder gezwungen. Bleiben Sie ehrlich und authentisch.

Dazu können Sie sich des Schmeichelns bedienen. Doch Vorsicht: Während das Schmeicheln eine Kunst ist, die durch sprechtechnische sowie inhaltliche Variationen perfektioniert werden kann, kann es in übertriebener Form unangenehm und anbiedernd wirken. Das ist dann, was man landläufig als Schleimen bezeichnet.

Sie haben eine wichtige Besprechung mit Ihrem Chef und möchten zu Beginn eine möglichst positive Stimmung herstellen. Ihr Blick fällt auf seine – wie üblich anstrengend gemusterte – Krawatte. Bevor Sie jetzt freundlich

»Sie haben aber einen wunderschönen Schlips!« lügen, sagen Sie lieber: »Der Schlips passt gut zum Jackett.« Und wenn der Schlips nicht zum Jackett passt, suchen Sie sich etwas anderes, das Ihnen die positive Aufmerksamkeit Ihres Gegenübers sichert. Aber: Lügen Sie nicht. Wer lügt, schmeichelt nicht. Wer lügt, schleimt!

In solchen Situationen bedienen Sie sich in der Regel einer Sprache, die sich von den anderen Stimmprofilen dadurch unterscheidet, dass es Ihr vorrangiges Ziel ist, Harmonie zu schaffen. Eines Ihrer wichtigsten Instrumente ist hierbei sicherlich Ihre aufmerksame Beobachtungsgabe. Beobachten Sie genau, wie Ihr Gegenüber auf Sie reagiert. Bleiben Sie positiv und vor allem freundlich. Ohne Freundlichkeit keine Harmonie.

Als Schmeichelstimme werden wir im Folgenden das Stimmprofil beschreiben, das diese Strategie – eine positive und offene Gesprächsatmosphäre herzustellen – am besten ermöglicht.

Sprechgeschwindigkeit

Wie bei den anderen Sprachprofilen ist auch bei der Schmeichelstimme die Sprechgeschwindigkeit von der jeweiligen Sprechsituation abhängig. Möchten Sie jemandem schmeicheln, der fröhlich lachend an der Bar steht und sich mit seinen Freunden unterhält, ist meist eine verführerisch langsame Sprechgeschwindigkeit fehl am Platz. Hier wird es Ihnen leichter fallen, mit Betonung, Sprechmelodie und natürlich dem Inhalt des Gesagten zu punkten.

Sitzen Sie dagegen der zu umschmeichelnden Person bei Kerzenschein gegenüber, dann spricht alles dafür, die Sprechgeschwindigkeit und auch die Lautstärke zu drosseln. Achten Sie aber unbedingt auf die Reaktion Ihres Gesprächspartners. Eine absichtliche Reduzierung der Sprechgeschwindigkeit bei gleichzeitiger Einschränkung der Sprechmelodie kann erotisch wirken, aber auch schnell eintönig und einschläfernd werden. Wenn Sie aber sanft und mit viel Gefühl die Sprechgeschwindigkeit reduzieren, wieder anheben und mit ihr spielen, vermittelt dies meist unbewusst den Eindruck: »Mein Gegenüber gibt sich Mühe und nimmt sich Zeit, mir die Inhalte möglichst interessant zu vermitteln. Mein Interesse ist ihm wichtig.«

Wenn Sie Sprechgeschwindigkeit und Lautstärke an die Situation und die Stimmung des Gegenübers anpassen, zeigen Sie, dass Ihre Aufmerksamkeit ganz der Person gebührt.

Pausen

Auch hier gilt: Bezeugen Sie Interesse an Ihrem Gegenüber, indem Sie die Längen der Pausen und die Dauer der gesprochenen Sprache variieren. Spielen Sie mit der Aufmerksamkeit des Zuhörers und seien Sie sich über die Wirkung der unterschiedlichen Pausenlängen bewusst:

Lange Pausen = Um Antwort wird gebeten. Sag doch auch mal was!

Sehr kurze Atempause = Ich will mich nicht unterbrechen lassen.

Es gibt Sprecher, die dazu tendieren, vor lauter »Einfühlungsvermögen« das Ziel ein wenig aus den Augen zu verlieren. Die Pausen werden scheinbar unendlich lang, um einen leider häufig nicht vorhandenen Spannungsbogen aufzubauen. Tatsache ist aber, dass zu lange Pausen negativ bewertet werden. Sie geben Ihrem Gegenüber das Zeichen, selbst die Initiative und auch das Wort zu ergreifen, was dazu führt, dass Sie sich gegenseitig ständig unterbrechen. Also setzen Sie klare Signale. Sprechen Sie zügig, aber einfühlsam und achten Sie darauf, dass Ihr Gesprächspartner auch zu Wort kommt!

Meine Stimme in der Partnerschaft

Viele Paare pflegen einen eigenen Umgangston miteinander. Diese Stimmvariante lässt sich nicht einstudieren. Sie entwickelt sich, und sie sagt manchmal mehr als Worte über eine Beziehung aus. Es gibt Paare, zwischen denen ein rauer Umgangston herrscht. Paare, die sich am Frühstückstisch nuschelnd und einsilbig: »Butter«, »Kaffee, ja ist gut«, »Stopp, mmh, danke« zuraunen, haben eine andere Art und Weise miteinander umzugehen, als diejenigen, die sich auch nach 20 Jahren fast ausschließlich mit Diminutiven, also Verniedlichungsformen unterhalten: »Schätzchen, gibst du mir bitte das Döschen mit dem Butterchen rüber.«

Wenn Teenager mit ihrer ersten große Liebe morgens am Küchentisch sitzen, nicht voneinander lassen wollen und das auch in entsprechender Form verbalisieren, klingt das noch irgendwie niedlich. Zumindest kann man dafür Verständnis aufbringen oder sollte es zumindest versuchen.

Sitzt man hingegen mit erwachsenen Freunden, die sich ähnlich benehmen, in einem Restaurant, empfindet man solche gesäuselten Liebkosungen als unpassend und störend: »Oder wie siehst du das, Bärli?« Es machen sich Zweifel breit, ob Schatzi mit Bärli nicht lieber alleine zu Hause geblieben wäre. Zudem vermittelt die Verwendung von

Kosenamen in der Öffentlichkeit immer den Eindruck, als würden sich die Partner gegenseitig oder ein Partner den anderen nicht ernst nehmen. Und in der Regel ist das auch der Fall. Also: lassen Sie Bärli und Schatzi da, wo sie hingehören: in ihren eigenen vier Wänden unter sich.

Ihre beste Schmeichelstimme

Tonfall: Nur wer freundlich klingt, ist schmeichelnd.

Pausen: Machen Sie sich die Wirkung der Pausen bewusst. Lassen Sie Ihren Gesprächspartner auch zu Wort kommen.

Aussprache: Sprechen Sie deutlich, damit Ihr Gesprächspartner sich auf Sie konzentrieren kann, ohne rätseln zu müssen, was Sie sagen wollen.

Sprechgeschwindigkeit: Durch einen sicheren Umgang mit der Sprechgeschwindigkeit (langsamer bei ernsteren Themen, schneller bei Smalltalk und Partygesprächen) vermitteln Sie Interesse, Zeit und den Eindruck, wirklich zuzuhören.

Lautstärke: Passen Sie sich der Umgebungssituation an. Versuchen Sie nicht in der Disko zu flüstern. Ebenso wenig müssen Sie im romantischen Restaurant zu laut sprechen.

Stimmlage: Seien Sie Sie selbst, sprechen Sie in Ihrer Stimmlage.

Verzögerungslaute: Verzichten Sie auf Verzögerungslaute. Sie wollen den Eindruck hinterlassen, dass Sie wissen, was Sie sagen wollen. Sie brauchen nicht zu zögern.

Tonfall und Erziehung

Bevor Kinder Worte und ganze Sätze verstehen können, können sie bereits nichtsprachliches Verhalten äußerst genau wahrnehmen und deuten. Der Ton und die Klangfarbe der Stimme sagen einem Kind anfangs mehr als der Inhalt des Gesprochenen. So kann eine warme und ruhige Stimme ein Kind trösten, ebenso wie eine laute, aggressive oder angstvolle Stimme kleine Kinder zum Weinen bringen kann. In der Erziehung ist die Stimme deshalb ein wichtiges Instrument. Häufig ist es Eltern und anderen Bezugspersonen nicht bewusst, auf welche Weise sie ihre Kinder dadurch steuern und beeinflussen können.

Das nichtsprachliche Verhalten, also Stimme, Körpersprache, Mimik und Gestik, ist in der Kommunikation mit Kindern besonders entscheidend.

Vor allem wenn man bedenkt, dass ein bestimmtes Verhalten am stärksten durch eine Reaktion beeinflusst werden kann, die unmittelbar (innerhalb weniger Sekunden) erfolgt, kommt der Sprache eine besondere Bedeutung zu. Wenn Ihr Kind beispielsweise ständig gegen Ihr Bein tritt, wird eine klare und eindeutige Reaktion von Ihrer Seite dem Kind unmissverständlich zeigen, dass diese Verhaltensweise unerwünscht ist. Wenn Sie Ihrem Kind dagegen mit freundlicher Stimme, vielleicht mit einem netten Lächeln und ohne Nachdruck sagen: »Hör bitte auf, mir ständig unter dem Tisch gegen das Bein zu treten«, wird es aus der Kombination Ihres Gesichtsausdrucks und Ihres Stimmfalls die Botschaft filtern, dass Sie sein Verhalten als gar nicht so störend empfinden. Auf die Idee, dass es Ihnen möglicherweise sogar Schmerzen zufügt, kommt es jedenfalls nicht. Es könnte sogar denken, dass Ihnen dieses kleine Machtspiel Spaß bereitet, und es wird weitertreten.

Wenn Sie Ihren Einwand noch mit der Ihnen vielleicht sonst üblichen Ironie würzen: »Das ist aber schön, dass du mich die ganze Zeit trittst«, begreift Ihr vierjähriges Gegenüber (das in der Regel noch keine Ironie versteht) das geradezu als Einladung, mit den Tritten fortzufahren.

Es ist also ganz wichtig, dass die Botschaft, die Sie dem Kind mitteilen möchten, mit dem, wie Sie es mitteilen, übereinstimmt. Benutzen Sie dafür die gesamte Palette der Ausdrucksmöglichkeiten Ihrer Stimme. Ein Beispiel: Anna macht Hausaufgaben. Sie ist in der ersten Klasse und muss zwei Reihen Ms und As schreiben. Die Mutter sitzt neben Anna, weil es dem Kind noch etwas schwerfällt, die Buchstaben in den angegebenen Linien zu schreiben, und sie ihm gerne dabei helfen möchte. Anna bemüht sich tapfer, und immer wenn Anna über die Linie schreibt, wird sie von der Mutter in einem ernsten und angestrengten Tonfall (denn die Mutter selbst ist angestrengt) korrigiert. Nach einer Zeit wird es Anna zu viel, sie schmeißt den Stift hin, klappt das Heft zu und fängt herzzerreißend an zu weinen. Die Mutter tröstet nun ihre Tochter mit warmer Stimme und freundlichem Gesicht und nimmt sie in den Arm. Was lernt Anna nun daraus? Zum einem, dass sich ihre Bemühungen, die Buchstaben zu schreiben, nicht lohnen, weil sie bei jedem Fehler, den sie dabei macht, gemaßregelt wird. Zum anderen, dass, wenn sie dagegen die Sache hinschmeißt, aufgibt und sich verweigert, ihr Zuneigung und Zuwendung geschenkt wird. Für welches Verhalten wird sie sich in Zukunft entscheiden?

Sicher dürfen und sollen Sie Ihr Kind trösten, doch wenn die Mutter Anna bei ihren Schreibbemühungen positiv unterstützt hätte – z. B. mit einem freundlichen Gesicht, einer motivierenden Stimme und einer zugewandten Körperhaltung –, hätte sich Anna in ihren Bemühungen belohnt gefühlt und wahrscheinlich gar nicht aufgegeben.

Die kleine Marie weint jedes Mal, wenn die Mutter oder der Vater sie in den Kindergarten bringt und sich verabschieden möchte. Die Abschiedezeremonien werden immer länger, die Mutter oder der Vater reden lange auf das Kind ein, trösten und umarmen es immer wieder, und manchmal – wenn es ganz schlimm wird – nehmen sie es auch wieder mit nach Hause. Marie lernt aus dem Verhalten ihrer Eltern, dass sie durch ihr Weinen die Zuneigung der Eltern erhält, und sie spürt darüber hinaus, dass die Eltern sich selbst nicht sicher sind. Denn die klare Botschaft: »Ich möchte, dass du jetzt in deine Gruppe gehst und ich zur Arbeit fahren kann«, wird nicht übermittelt. Weder in den Worten oder der Stimme noch im Verhalten. Dass die Eltern dringend zur Arbeit müssen, wird in ein mitleidiges und mit unsicherer Stimme vorgetragenes: »Mein liebes Mäuschen, ich versteh dich ja, aber guck mal, die Lisa ist auch schon da, und außerdem gibt's heute Nudeln, und ich brauche unbedingt noch etwas Zeit vor der Präsentation heute Mittag« verpackt und mit noch einem Küsschen und noch einem Kopfstreicheln verbunden. Das Kind möchte den Eltern und ihrer Entscheidung vertrauen, spürt und hört aber, dass die Eltern selbst unsicher sind, ob sie ihr Kind wirklich im Kindergarten lassen können, den ganzen Tag. Dem Kind wird keine Sicherheit vermittelt, die es überzeugen könnte zu bleiben. Im Gegenteil: Ein solches Verhalten verunsichert ihr Kind im höchsten Maße, weil es die Unsicherheit von den Men-

Kinder hören genau hin, erkennen bereits in jungen Jahren, ob eine Aufforderung unentschlossen oder mit Nachdruck an sie herangetragen wird, und reagieren sehr stark und direkt auf den Tonfall und den Klang einer Stimme.

schen spürt, deren Sicherheit ihm eigentlich die Stärke geben sollte, diese Situation zu meistern. Darüber hinaus sind
es sehr viele Worte für eine Dreijährige, und einen so kom-
plexen Zusammenhang in einem Erwachsenenleben kann
(und muss) ihr Kind noch gar nicht verstehen.

Wie rede ich mit meinem Kind?

– Beginnen Sie ein Gespräch in einer freundlichen Atmo-
  sphäre.
– Schauen Sie Ihr Kind dabei an.
– Vergewissern Sie sich, ob Ihr Kind Sie versteht (spreche ich
  deutlich, richtige Geschwindigkeit etc.?).
– Stimmt das, was Sie sagen wollen, mit dem, wie Sie es
  sagen, überein?
– Gibt es in Ihrem Tonfall Unterschiede zwischen einer Bitte,
  einer Aufforderung und einem Befehl?
– Reagieren Sie angemessen? D. h., drücken Sie Missfallen
  oder Zustimmung klar und unmissverständlich in Wortwahl,
  Sprache und Stimme aus?
– Nutzen Sie Ihr ganzheitliches stimmliches Können, um das
  auszudrücken, was Sie möchten? (Tonfall, Geschwindigkeit, Aussprache, Pausen etc.)

Senden Sie keine Doppelbotschaften aus. Wenn Sie z. B.
möchten, dass jemand, sei es ein Kind oder ein Erwachse-
ner, Ihnen einen Gefallen tut, dann formulieren Sie dies
auch so. Eine Bitte ist kein Befehl. Die Diskrepanz zwischen beiden Kommunikationswünschen ist nicht sehr
groß, daher muss der Tonfall die Sprechabsicht untermauern. Eine Bitte wird ähnlich einer Frage betont. Ihre
Stimme hebt sich zum Ende der Äußerung hin. Ihr Tonfall ist freundlich und zugänglich. Bei einer Aufforderung

hingegen senkt sich Ihre Stimme ab. Ihr Tonfall ist energisch-freundlich. Wenn Sie einen Befehl formulieren möchten, sollte Ihre Stimme dementsprechend auffordernd und energisch klingen. Ein Befehl hat eher selten etwas mit Freundlichkeit zu tun. Das heißt aber nicht, dass man respektlos werden muss. Befehle müssen nicht gebrüllt werden – sie können in einer normalen festen Sprechstimmlage und Lautstärke geäußert werden.

Übung für eine feste und bestimmte Stimme

1. Sprechen Sie die gleiche Silbe mehrmals nacheinander in unterschiedlichen Intensitäten. Halten Sie dabei den Bauch angespannt, und überprüfen Sie die Anspannung des Bauches mit Ihrer aufgelegten Hand. Versuchen Sie die Intensität, also die Lautstärke, zu erhöhen. Sprechen Sie im Verlauf der Äußerung lauter. Ja-ja-ja-ja-ja-jaaaaa, ga-ga-ga-ga-ga-gaaaaa, bla-bla-bla-bla-bla-blaaaa etc.

Achten Sie darauf, dass Sie Ihre eigene Sprechstimmlage verwenden. Versuchen Sie, Ihre Stimmlage beizubehalten und die Tonlage nicht zu verändern. Konzentrieren Sie sich auf Ihre Atmung und die Lautstärke.

2. Vervollständigen Sie die Silben, bis ein Wort entsteht. Das Wort soll klar, deutlich und laut gesprochen werden. Bi-bi-bi-bi-bi-bitte, ka-ka-ka-ka-ka-Kasten, la-la-la-la-la-lagen etc. Achten Sie darauf, dass sich die Lautstärke zum Ende der Äußerung hin erhöht und Sie dennoch Ihre Indifferenzlage, die Ihnen eigene Sprechstimmlage, nicht verlassen.

3. Stellen Sie sich drei unterschiedliche Sprechsituationen vor, in denen Sie sich befinden.

a. Jemand sitzt Ihnen gegenüber. (normale Lautstärke)

b. Jemand befindet sich am anderen Ende des Flures. (deutliche Lautstärke)

c. Jemand befindet sich weit weg von Ihnen, oder Sie haben starke Umgebungsgeräusche, die das Sprechen und Hören maßgeblich beeinträchtigen. (hohe Lautstärke, nicht schreien)

Versuchen Sie nun, durch Variationen Ihrer Atmung und der Spannung die Luft so einzuteilen, dass die jeweilige Sprechsituation auch die richtige Lautstärke hat. Achten Sie darauf, dass Sie diese Lautstärke auf die gesamte Äußerung anwenden. Das Ziel soll sein, dass Sie laut und deutlich (in jeder der angegebenen Sprechsituationen) zu verstehen sind. Sprechen Sie: Mach schnell! Achtung dort! Lass einfach los! Nicht auch noch dort!

Achten Sie darauf, dass Sie alle Wörter gleich laut sprechen. Holen Sie zwischen den Wörtern keine Luft, sondern sprechen Sie bitte in einem Atemzug. Wenn die Luft nicht ausreicht oder Sie nach der Äußerung außer Atem sind, haben Sie höchst wahrscheinlich nicht korrekt geatmet. Überprüfen Sie Ihre Körperhaltung, Ihre Entspannung, und beginnen Sie noch einmal beim Ein- und Ausatmen. Intensivieren Sie das Atemtraining (siehe Kapitel »Atmung«) und steigern Sie langsam Ihr Trainingspensum. Sollte Ihnen schwindelig oder gar schlecht werden, unterbrechen Sie die Übungen bitte sofort!

4. Stellen Sie sich eine bestimmte Situation vor, in der Sie aufgrund von Umgebungsgeräuschen oder mangelnder Aufmerksamkeit Ihrer Zuhörer (Kinder, der eigene Partner) Ihre gesamte Stimmkraft benötigen, und sprechen Sie über einen längeren Abschnitt mit einer kräftigen, lauten Stimme, ohne

die Tonhöhe zu verändern. Bleiben Sie in der energie-
sparenden Sprechstimmlage.

Beispiel: Sie befinden sich an einem Adventssamstagnach-
mittag in einem Einkaufszentrum. (Zugegebenermaßen ist
diese Vorstellung bereits angsteinflößend, aber es geht ja
schließlich darum, die Stimme möglichst jederzeit wieder unter
Kontrolle bringen zu können, selbst wenn man gestresst, müde
und abgelenkt ist.) Sprechen Sie laut, deutlich und betont:

Kannst du mal bitte herkommen?

Wo bist du denn?

Ich habe dich gar nicht gefunden.

Achtung, der Kinderwagen.

Ach, Milch brauchen wir noch.

Kannst du das gerade mal halten, ich finde den Parkzettel
nicht mehr.

Alle mal herhören, wir gehen erst zum Zahnarzt das Rezept
holen und anschließend einen Kakao trinken.

Warte kurz hier.

Ich komme gleich wieder.

Achten Sie auf Ihre Körperhaltung. Bleiben Sie entspannt.
Versuchen Sie sich das Atmen gut einzuteilen, aber die
Lautstärke und auch Ihre Sprechstimmlage beizubehalten.
Vergewissern Sie sich, dass Sie Ihre Schultern beim Einatmen
hängen lassen und nicht hochziehen, überprüfen Sie Ihre
Atmung mit der Hand auf dem Bauch.

Option: Als Partnerübung können Sie sich weit voneinander
weg aufstellen. Die eine Person spricht laut und deutlich,
die andere Person muss ebenso laut und deutlich wiederholen, was gesagt wurde. Wenn das ein paar Mal hintereinander funktioniert, gehen Sie auf eine größere Distanz.
So lange, bis Sie sich nicht mehr verstehen.

Anmerkung: Je nach dem, ob es viele oder wenige Umgebungsgeräusche gibt, können Sie die Aufgabe entweder an einem abgelegenen Ort machen, an dem Sie dann weiter auseinanderstehen können, oder neben einer Baustelle, auf einem Konzert oder einer vielbefahrenen Straße, wo sich die Distanz ziemlich in Grenzen halten wird.

»Sonst hört er immer ...«, schreit Ihnen die Frau mit der Leine außer Atem zu, während Fiffi schon lustvoll knurrend an Ihren Nordic-Walking-Stöcken knabbert.

Der Trick bei der Erziehung: Die Stimme vermittelt das, was Worte nicht können.

Wenn Sie mit Ihrem Hund draußen in einem Park spielen und er sich vor lauter Übermut plötzlich dazu aufmacht, die Welt ohne Sie zu erkunden, dann stehen Sie vor der Aufgabe, ihm akustisch mitzuteilen, dass Sie viel spannender sind. Aber wie erreichen Sie das? Vielleicht, indem Sie ein aufgebrachtes und aggressives: »Hierher sofort, du Mistköter!« durch den Park kreischen? Ob Ihr Hund aber Lust verspürt, vom Spielen und Schnüffeln abzulassen, wenn er so deutlich erahnen kann, was auf ihn zukommt? Rufen Sie dem Tier dagegen ein: »Belloleinchen, hier läuft Mami, komm, es gibt Leckerli!« zu, wird er wohl weiterhin versuchen, Ihre Grenzen auszuloten, die Sie ihm durch Ihr Geträller vermutlich nicht vermittelt haben. Vielleicht empfindet der Hund Ihre freundlichen Worte sogar als lobende Aufforderung, sein Verhalten fortzusetzen, und er wird weiter so fröhlich schnüffelnd durchs Gestrüpp streunern.

Ein Trick bei der Erziehung, und das trifft auf Tiere und Menschen zu – ohne damit beide gleichstellen zu wollen –, liegt darin, durch Stimme zu übermitteln, was

Worte nicht können. Sie können nicht davon ausgehen, dass Ihr Hund wortwörtlich versteht, wenn Sie sagen: »Komm, Rufus, wir gehen über die Straße!« Zum einen aber wird er an seinem Namen erkennen, dass er gemeint ist, und zum anderen an Ihrem Tonfall, was in etwa von ihm verlangt wird. Ein munteres, aber bestimmtes Wort, gekoppelt an einen der Situation angemessenen Tonfall, übermittelt die Information.

Eine Untersuchung belegt, dass der Lernerfolg bei Hunden größer ist, wenn man einen »freudigen Ton« an den Tag legt. Auch konnte belegt werden, inwiefern Hunde den Tonfall »verstehen« können, da es bei Hunden ausgeprägte »Beschwichtigungssignale« gibt, mit denen sie entweder sich selbst oder die anderen (in diesem Fall Tiere oder Menschen) beruhigen wollen. Diese Signale, wie z. B. Gähnen, Schnauze schlecken, Strecken, Kopf drehen, Bewegungen verlangsamen, Blinzeln, sich mit dem Rücken in die Richtung des anderen legen, treten weitaus häufiger auf, wenn man mit den Tieren in einem herrischen Ton spricht, als wenn man sie freundlich anspricht. Wenn Sie also schreien, sind die Tiere stärker damit beschäftigt, das Gegenüber zu beschwichtigen und den vermeintlichen Konflikt zu lösen, anstatt das Geforderte zu erfüllen.

8. Kapitel:
Stimmpflege und Stimmhygiene

Es mag verwundern, dass man die Stimme hygienisch behandeln und pflegen kann. Aber es sollte uns auch ein Hinweis darauf sein, dass wir für unsere Stimme mehr tun können, als dies bisher der Fall war. Was Sie allgemein tun und wie Sie sich im Umgang mit Ihrer Stimme möglichst positiv verhalten können – schließlich haben Sie nur eine Stimme –, soll anhand einiger Tipps noch einmal zusammengefasst werden.

Stimmhygiene

1. Halten Sie Ihren Sprechapparat feucht genug. Trinken Sie viel und verzichten Sie, wenn Sie in absehbarer Zeit (am nächsten Tag oder in der nächsten Stunde) viel sprechen müssen, auf Alkohol und Zigaretten. Vermeiden Sie dann auch zu scharfes Essen, und trinken Sie vorwiegend Wasser und Tees. Milch kann zur Verschleimung führen.

2. Achten Sie in Ihrer Umgebung auf ausreichend Luftfeuchtigkeit. Lüften Sie regelmäßig.

3. Spüren Sie Heiserkeit oder Reizungen, schonen Sie umgehend Ihre Stimme! Wenig sprechen – nicht flüstern!

4. Wenn Sie viel gesprochen haben, geben Sie Ihrer Stimme Zeit, sich zu erholen. Das geht relativ schnell, wenn das Maß der Reizung nicht überschritten wird. Als Faustregel kann gel-

ten: **Auf drei Stunden Sprechen sollte eine Stunde Pause folgen.**

5. Je entspannter Sie selbst sind, desto entspannter ist auch Ihre Stimme. Gönnen Sie sich Ruhe. Vor einem großen stimmlichen Tag gehen Sie zeitig zu Bett und stehen Sie so rechtzeitig auf, dass Ihre Stimme 1½ bis zwei Stunden Zeit hat, sich einzuschwingen, bevor sie Höchstleistungen vollbringen muss. Sprechen Sie sich ein.

6. Beachten Sie auch körperliche Auffälligkeiten, die zunächst nichts mit der Stimme zu tun zu haben scheinen.
Beispielsweise kann ständiges Aufstoßen und Sodbrennen bereits zu Schädigungen oder Erkrankungen des Kehlkopfes führen. Zur Behandlung suchen Sie bitte einen Arzt auf.

7. Erinnern Sie sich selbst immer wieder an eine entspannte und korrekte Atmung.

8. Versuchen Sie mehrmals am Tag, bewusst den Kehlkopf sacken zu lassen und die Zunge zu lösen. Atmen Sie zwei- bis dreimal tief ein und aus.

9. Ist Ihre Stimme belegt oder haben Sie »einen Frosch im Hals«, versuchen Sie zu trinken, etwas zu lutschen oder bewusst zu schlucken. Vermeiden Sie Räuspern wenn möglich.

10. Versuchen Sie durch eine aufrechte, entspannte Körperhaltung Ihrer Stimme und Ihrer Atmung die Arbeit zu erleichtern.

11. Passen Sie Ihre Sprechlautstärke der Umgebungslautstärke an, aber brüllen Sie nicht. Versuchen Sie laute Umgebungsgeräusche durch eine deutliche Artikulation und eine feste Atmung zu kompensieren.

Wenn die Stimme krank ist

Wenn wir Halsschmerzen haben, schlecht schlucken können, sich eine Grippe oder ein grippaler Infekt anbahnt oder wir heiser sind, dann kann man davon ausgehen, dass sich der Infekt auch auf den Stimmapparat auswirkt und dieser dementsprechend geschont oder wenigstens mit besonderer Vorsicht und Aufmerksamkeit behandelt werden sollte.

Die Heiserkeit ist zunächst das auffälligste Kriterium dafür, dass bei uns etwas nicht stimmt. Vieles, lautes oder auch sehr leises und flüsterndes Sprechen kann Heiserkeit begünstigen. Das Flüstern ist keine physiologisch angenehme Stellung für Ihre Stimmbänder. Sie müssen sich noch mehr anstrengen als sowieso schon, und die Stimmbänder können austrocknen. Rauchen (nicht nur das eigene, auch Passivrauchen), Alkohol, kalte und heiße Speisen sowie extrem scharfes Essen und eine aktuelle hormonelle Einstellung können sich maßgeblich auf die Stimme auswirken. Auch ungünstige Angewohnheiten wie ständiges Räuspern, Husten und häufiges Schreien greifen den Stimmapparat an und beeinträchtigen seine Funktion. Aber selbstverständlich können auch ernsthafte Krankheiten für eine Heiserkeit verantwortlich sein. Tumorerkrankungen und Lähmungserscheinungen gehören dazu. Aus diesen Gründen sollte eine Heiserkeit, die länger als zehn Tage andauert, oder Halsschmerzen, die sich länger hinziehen, unbedingt von einem Hals-Nasen-Ohren-Arzt bzw. einem Phoniater untersucht werden.

Erste Anzeichen dafür, dass Sie Ihre Stimme schonen sollten, sind ein Infekt der oberen Atemwege oder Schmerzen beim Sprechen bis hin zu Sprechunlust. Sprechen Sie dann nicht oder nur, wenn Sie wirklich müssen, und flüstern Sie nicht! Nehmen Sie eine Heiserkeit ernst.

Trinken Sie viel! Durch einen Infekt sind die Schleimhäute in Mitleidenschaft gezogen. Die Stimmbänder können nicht mehr gut schwingen und kleben aneinander. Je trockener sie werden, desto schwieriger wird das Sprechen. Der Schleim sammelt sich, und Sie fangen an zu husten, was wiederum dazu führt, dass die Stimmbänder trockengeblasen werden und aneinanderkleben. Durch die Trockenheit entsteht ein Hustenreiz, und Sie husten wieder. Der Kreislauf beginnt von vorn. Am besten wäre es also, wenn Sie sich einen Tag frei nehmen und sich mit viel Tee oder Wasser ins Bett legen. Ruhe und Feuchtigkeit (auch in der Luft) werden Ihnen guttun.

Mein Tipp: Trinken Sie Ingwertee. Dazu einfach frischen Ingwer schneiden und mit heißem Wasser aufgießen. Wer den Geschmack nicht mag, kann noch mit Zitronensaft und Honig etwas Vitamine und Süße hinzufügen. Ingwer soll eine entzündungshemmende Wirkung haben. Solche Tees wie auch heißes Wasser sind die Vorreiter jeglicher Bekämpfung von Halsbeschwerden.

Heiße Milch mit Honig hilft der Stimme nicht.

Heiße Milch mit Honig, das alte Hausmittel, allerdings verbessert den Stimmklang nicht. Der zusätzliche Schleim legt sich auf die Stimmbänder wie eine schützende Schicht. Das wirkt zwar beruhigend, aber die Schwingungsfähigkeit der Stimmbänder wird stark einschränkt. Milch kann allerdings für das Wohlbefinden im Hals zuträglich sein und Halsschmerzen lindern. Daher ist es sinnvoll, die heiße Milch mit Honig dann einzusetzen, wenn man nicht sprechen muss, am besten vor dem ins Bett gehen. Für eine kurzfristige Verbesserung des Stimmklangs sind salzhaltige Lutschtabletten und Bonbons besser geeignet.

Unsere Stimme ist so empfindlich, dass ein Stimmverlust, Heiserkeit und sogar krankhafte Veränderungen des Sprechapparates auch durch psychische Faktoren begünstigt sein können. Gerade in diesen Fällen sollte sofort mit einer Therapie, zunächst bei einem Phoniater und gegebenenfalls bei einem Psychologen, begonnen werden. Denn solche Krankheitsbilder können sich unbehandelt recht zügig einprägen und den gesamten Stimmapparat in Mitleidenschaft ziehen. Der Verlust der Stimme durch Stress und psychische Faktoren ist nichts Ungewöhnliches und keinesfalls zu unterschätzen. Vor lauter Schreck, Anspannung, Trauer, Freude »bleiben einem die Worte im Halse stecken«, oder es kann vorkommen, dass man – meist kurzfristig – die »Stimme verliert«. Wenn solche Beschwerden bei Ihnen öfter auftreten, notieren Sie, zu welchen Anlässen das passiert. Wenn Ihnen immer vor wichtigen Ereignissen, vor Vorstellungsgesprächen, Eignungstests, Klausuren, Präsentationen oder mündlichen Prüfungen die »Stimme versagt«, kann das ein Zeichen für ein psychisches Problem sein – in jedem Fall sollte dies von einem Arzt abgeklärt werden.

Rührt Ihre Heiserkeit von anstrengend sprecherischen Aktivitäten im Berufs- oder Privatleben, sollten Sie ins Auge fassen, sich professionelle Hilfe durch einen Logopäden oder Sprecherzieher zu holen.

Notfallkoffer – Was machen bei Heiserkeit
Genügend **trinken,** denn:
– die Schleimhäute trocknen nicht so schnell aus,
– der Hustenreiz wird geringer,
– der Schleim fließt besser ab.

Sie werden schneller gesund werden, und das auch noch mit weniger stimmlicher Belastung. Tun Sie, was Ihnen gut tut:
- tragen Sie einen Schal,
- machen Sie Topfen-, also Quarkwickel,
- gurgeln Sie mit Salzwasser,
- inhalieren Sie mit Tigerbalsam.

Oder baden Sie meinetwegen in Whisky, wenn es Ihnen gut tut, machen Sie es ruhig!

Es gibt allerlei Hausmittel gegen Halsschmerzen und für eine angenehmere Stimme. Die meisten von ihnen sind wirklich so harmlos, dass Sie selbst ausprobieren können, was für Sie in der jeweiligen Situation das Richtige ist. Je nachdem aus welchem Grund die Halsschmerzen oder der Stimmverlust auftreten, sind die Hausmittelchen mal mehr und mal weniger hilfreich. Die Hauptsache ist, dass Sie sich und Ihre Stimme gut behandeln. Lassen Sie Ihrem Hals die nötige Aufmerksamkeit zukommen. Aber beobachten Sie genau die Zeitspanne, in der Sie sich unwohl fühlen oder kränkeln, damit Sie rechtzeitig einen Arzt aufsuchen können.

Meine lieben Leser,

ich hoffe, ich konnte Sie für das Thema Stimme, das es bisher ein wenig schwer hatte, weil es bislang so unterschätzt wurde, sensibilisieren und begeistern und Ihnen verständlich machen, warum es sinnvoll und nützlich ist, Wert auf die eigene Stimme zu legen, sie zu pflegen und sie zu trainieren.

Denn: Unsere Stimme ist nicht nur Mittel zum Zweck, sie ist der maßgebliche Bestandteil einer gelungenen und ganzheitlichen Konversation. Sprache und Stimme werden im globalen Kontext als Kommunikationsmittel immer entscheidender. Die Wissenschaft und Technik erfindet immer neue Systeme, Computer, Maschinen und Programme, und auch dort werden Sprache, Stimme und Sprechen immer wichtiger. Aus diesem Grund können wir uns nicht genug mit der Thematik befassen, so lange bis sich der alltägliche Umgang mit der Stimme und das grundlegende Wissen darüber etabliert haben.

Für eine Erweiterung des Wissens über Stimmen, Sprachen und Sprechweisen ist es unabdinglich, dass Wissenschaftler weiterhin die Möglichkeit bekommen, an diesen Themengebieten zu forschen. Momentan läuft ein weiterer großer Versuch über die Attraktivität von Stimmen, bei dem über 40 Stimmen mehr als 200 Versuchspersonen vorgespielt werden. Doch all das muss ohne ein Budget funktionieren. Haben Sie mal versucht, 200 Menschen für einen Zeitraum von ca. 60 Minuten zu verpflichten, ohne dass diese dafür bezahlt werden? Durch solche Problematiken ziehen sich Versuchsreihen deutlich in die Länge. Nichtsdestotrotz, die Ergebnisse werden hoffentlich ebenso interessant sein wie diejenigen, aus denen die Idee zu diesem Buch entstanden ist.

Noch viele Fragestellungen sind offen, und der Arbeitseifer ist ungebrochen. Auf wissenschaftlichen Kongressen und in den Medien ist deutlich zu spüren, dass das Thema von großem Interesse ist. Bisher fehlt es jedoch gerade im deutschen Sprachraum an Mitteln, die es zuließen, die ganze Bandbreite der Themenvielfalt angemessen zu untersuchen. Gerade weil die Phonetik und wir als Phonetiker bisher durch die geringe Bekanntheit unseres Berufes ein wenig zu sehr abseits der »großen« Fächer geforscht und gearbeitet haben, müssen wir mehr ins Licht der Öffentlichkeit rücken und gerückt werden.

Zum Schluss des Buches ist es mir ein Anliegen zu erwähnen, dass selbstverständlich auch gehörlose, stumme oder hörgeschädigte Menschen kommunizieren, denn es gibt ja noch weit mehr Kommunikationsmittel außer der Stimme. Die gehörlose und auch die »stimmlose« Kommunikation sind zwei sehr weite und mindestens ebenso interessante Felder, denn auch im gehörlosen und stimmlosen gesellschaftlichen Umfeld sind die Menschen keineswegs sprachlos. Es gibt facettenreiche Wege und Mittel der Kommunikation, mit denen wir uns als Hörer und Sprecher im Alltagsleben vielleicht zu wenig beschäftigen.

Danke!

An erster Stelle sei Dominik gedankt, der nicht nur einmal alle Zweifel geduldig mit mir besprochen und ernst genommen hat. Vielen Dank auch an meine Familie, allen voran an meine Mutter, das FIAS, die Firma Peiker Acustic und Dr. Kitzenmaier, Prof. Stöcker, Prof. Tetzlaff, Prof. Triesch, Prof. Reetz und Prof. Greisbach, ohne deren Hilfe mein Vorhaben aus allerlei Gründen einfach nicht umsetzbar gewesen wäre. Für den Stups in diese Richtung danke ich Axel Reimann, Frau Dr. Anne Hardy-Vennen, Jessica Kuch und Dorothee v. Bose. Für die vielen interessanten Informationen bin ich nicht zuletzt Max Bauer und Dr. Thoma Dank schuldig. Meinen Studentinnen und Freundinnen Jule Belz und Zsuzsi Vajda möchte ich auch noch einmal meinen Dank aussprechen und ganz besonders meiner Freundin und Kollegin Branka Diamantidis für die stetige Beantwortung meiner nicht enden wollenden Fragen. Adeel Hussain danke ich von Herzen für die geduldigen Korrekturen und den Enthusiasmus für meine Arbeit. Carly und Ani, vielen Dank auch euch. Bei allen, die ich nun noch vergessen habe, entschuldige und bedanke ich mich vielmals.

Kleines phonetisches Glossar

Akustik
Die Wissenschaft von Schall und Schallwellen.

Akustische Phonetik
Schwerpunkt der Phonetik, der die physikalischen
Eigenschaften des Sprachschalls untersucht.

Alveolar
Artikulationsort eines Lautes, der sich direkt hinter den
Schneidezähnen am sogenannten Zahndamm befindet.

Ansatzrohr
Es umfasst den Nasen-, Mund- und Rachenraum und ist
die Bezeichnung für den anatomischen Bereich zwischen
den Stimmbändern und der Nasen- bzw. Mundöffnung.
Die Form des Ansatzrohres wirkt sich maßgeblich auf
den Stimmklang aus.

Artikulation
Um den Luftstrom zu verändern, werden die Artikulatoren durch gezielte Bewegungen im Ansatzrohr platziert.
Der Luftstrom wird modifiziert und der Laut charakteristisch geformt.

Artikulationsart
Art und Weise, auf die der Luftstrom im Ansatzrohr
verändert wird, z. B. eine völlige Blockade beim Plosiv
oder eine große Enge beim Frikativ etc.

Artikulationsgeschwindigkeit

Gibt an, wie viele Laute und gefüllte Pausen innerhalb einer zeitlichen Grenze gesprochen werden, das heißt, wie schnell sich alle Artikulatoren bewegen. Ungefüllte Pausen werden von der Gesamtdauer abgezogen.

Artikulationsort

Stelle, an der eine aktive Bewegung eines Artikulators dazu führt, dass sich der Luftstrom verändert. Ein Artikulationsort ist nicht beweglich und befindet sich im Bereich des oberen Mundraumes von der Oberlippe bis zum Zäpfchen und weiter nach hinten in den Pharynx.

Artikulator

Jeder spezifische Teil des Sprechapparates, der an der Produktion eines Lautes beteiligt ist, ist ein Artikulator. Aktive Artikulatoren sind bewegliche Teile des Ansatzrohres, die aktiv an der Modifikation des Luftstromes beteiligt sind. Dazu gehören: Zunge (Zungenspitze, -blatt, -rücken, -wurzel), Lippen, Zäpfchen, Stimmritze. Zu den passiven Artikulatoren gehören: Zähne, Zahndamm, harter Gaumen, weicher Gaumen, Rachenwand.

Artikulatorische Phonetik

Schwerpunkt der Phonetik, der die physiologischen Prozesse der Lautbildung untersucht.

Aspiration

Behauchung. Im Deutschen u. a. immer nach stimmlosen Plosiven, z. B. wie das [t] in Tasse. Sie entsteht dadurch, dass die Stimmlippen während des Verschlusses eines Plosives geöffnet sind. Wenn die Stimmlippen nach der

Verschlusslösung nicht sofort wieder anfangen zu schwingen, sondern erst später, ist vor dem Stimmton das Ausströmen der Luft hörbar.

Auditive Phonetik

Schwerpunkt der Phonetik, der das Hören untersucht und wie Sprache und Laute anatomisch und neurophysiologisch verarbeitet und dekodiert werden.

Bilabial

Der Artikulationsort zwischen den Lippen.

Dental

Der Artikulationsort an den Ober- oder Unterzähnen.

Diphthong

Eine hörbare Vokalverschiebung innerhalb einer Silbe. Zum Beispiel in »auf« (vom a zum u) oder reich (vom e zum i).

Distinktiv

Bedeutungsunterscheidend. Z. B. ist im Minimalpaar Kasse – Gasse der erste Laut distinktiv.

Experimentalphonetik

Beschäftigt sich mit der physikalischen Vermessung charakteristischer Eigenschaften gesprochener Sprache und Sprachwahrnehmung mit Hilfe von mechanischen oder elektrischen Apparaturen.

Frequenz

Häufigkeit, mit der ein sich wiederholendes Ereignis innerhalb eines bestimmten Zeitraumes wiederkehrt. Gemessen in Hertz; 1 Hz = 1/s (1-mal pro Sekunde). In der Phonetik wird diese Messung oft verwendet, um anzuzeigen, wie häufig sich die Stimmlippen pro Sekunde öffnen und wieder schließen. Je höher die Frequenz, desto höher die wahrgenommene Tonhöhe.

Frikativ

Auch: Reibelaut oder Zischlaut. Lautklasse, die nach ihrer Artikulationsart benannt ist. Am jeweiligen Artikulationsort wird mindestens eine Enge gebildet, durch die ausströmende Luft geleitet wird. Beim Ausströmen der Luft entstehen dabei Turbulenzen und Verwirbelungen, die sich als akustische Ereignisse, durch ein deutliches Zischen äußern, z. B. [s], [z].

Gefüllte Pause

Pause, die keine akustische Stille aufweist. Sie kann durch Hesitationen, einzelne Lautäußerungen (mmmhhh...), Atmer, Schmatzer o. Ä. gefüllt sein.

Glottis

Auch: Stimmritze. Bereich zwischen den Stimmlippen. Bei geöffneter Stimmlippenstellung strömt Luft hindurch. In geschlossener Stellung bildet die Glottis die Trennlinie zwischen dem Ansatzrohr und den Atemorganen.

Hesitation

Auch: Verzögerungslaut. Sprechflussunterbrechung, die sich von den Pausen maßgeblich dadurch unterscheidet, dass ihr keine artikulatorische Passivität zugrunde liegt. So zählen beispielsweise gefüllte Pausen ebenso zu den Hesitationen wie Wiederholungen (der ... der ... der) und/oder Längungen (deeheehheer ...) von Silben.

IPA

Abkürzung sowohl für: International Phonetic Alphabet (Internationales Phonetisches Alphabet) als auch für die International Phonetic Association (Internationale Phonetische Gesellschaft). Mit Hilfe der IPA lässt sich gesprochene Sprache aufschreiben.

Larynx

Der Kehlkopf.

Lateral

Lautklasse, die nach ihrer Artikulationsart benannt ist. Hierbei bildet die Zunge an einem Artikulationsort einen Kontakt, sodass die Luft dann über einen oder beide Seitenränder (= lateral) der Zunge aus dem Mundraum entweichen muss, z. B. [l].

Minimalpaar

Zwei Wörter, die sich nur durch ein kleinstes lautliches Element unterscheiden, z. B. Garten – Karten.

Nasal

Lautklasse der Konsonanten. Hierbei wird durch das Absenken des Velums der Nasenraum als Resonanzraum geöffnet. Zeitgleich findet ein oraler Verschluss, also ein Verschluss im Mundraum, statt. Die Luft kann nur durch die Nase entweichen, z. B. [n], [m].

Palatum
Der harte Gaumen, beginnend hinter dem Zahndamm.

Pharyngal
Artikulationsort, der sich im hinteren Rachenraum befindet.

Pharynx
Hinterer Rachenraum.

Phonation
Auch: Stimmgebung. Die Erzeugung der Stimme durch die Schwingungen der Stimmlippen.

Phonetik
Wissenschaft, die sich mit den charakteristischen Eigenschaften menschlicher Lautproduktion und deren Wahrnehmung beschäftigt, vornehmlich mit der Sprachproduktion. Zu den gängigen Untersuchungsmethoden zählen die Beschreibung, die Klassifikation und die Transkription. Die Phonetik wird in die drei Schwerpunkte akustische, auditive und artikulatorische Phonetik gegliedert.

Phonologie
Beschäftigt sich vertieft mit den distinktiven Lauten und ihren Relationen zueinander in einem Sprachsystem, z.B. wie und in welchen Zusammenhängen bestimmte Laute / Lautklassen auftreten oder verteilt sind.

Phonotaktik
Bestimmte Regeln für die in einzelnen Sprachen möglichen Lautkombinationen, z.B. die Lautfolge ls ist im

Deutschen am Ende einer Silbe möglich: »Hals«, aber nicht am Silbenanfang.

Physiologie

Befasst sich mit den mechanischen, physikalischen und biochemischen Funktionsweisen des Körpers.

Plosiv

Auch: Verschlusslaut, Stopp. Lautklasse, die nach ihren Charaktereigenschaften benannt ist. Ein Plosiv zeichnet sich durch drei Phasen aus: 1. Verschlussbildung (daher auch »Verschlusslaut«), 2. Haltephase, 3. Verschlusslösung (auch: Plosion, daher »Plosiv«). Bei dem Verschluss wird der Luftstrom kurzfristig unterbrochen, bevor er nach einer kurzen Haltephase (ex)plosionsartig wieder geöffnet wird, z. B. [p], [g].

Pulmonal

Eine Bezeichnung, die sich auf die Lunge bezieht. Im phonetischen Kontext geht es häufig um den pulmonalen Luftstrom, also den Luftstrom, der aus der Lunge kommt und mit Hilfe dessen im Deutschen die Sprache produziert wird.

Resonanz

Wenn eine schwingungsfähige Masse (Pendel, Flüssigkeit, Luftvolumen im Ansatzrohr) angeregt wird, beginnt sie mitzuschwingen. Die Frequenz dieser Schwingungen ist von der physikalischen Struktur der Masse abhängig. Im Fall der Sprachproduktion ist die Eigenfrequenz der Luftsäule im Ansatzrohr vor allem von den Eigenschaften des Ansatzrohres und dessen Öffnung bestimmt. Wird dieses schwingungsfähige System nun aber durch eine Schwingung angeregt, deren Frequenz mit der Eigenfrequenz des Systems übereinstimmt, spricht man von einer Resonanz.

Retroflex
Artikulationsort, den man erreicht, indem man die Unterseite der Zungenspitze nach hinten gegen den harten Gaumen biegt.

Sprechgeschwindigkeit
Gibt an, wie viele Laute und Pausen innerhalb einer zeitlichen Grenze gesprochen bzw. eingehalten werden. Im Gegensatz zur Artikulationsgeschwindigkeit werden ungefüllte Pausen mit eingerechnet.

Stimmhaft
Stimmhaften Lauten liegt immer das Schwingen der Stimmlippen zugrunde.

Stimmlippen
Auch: Stimmbänder; die Stimmlippen sind zwei muskuläre Stränge innerhalb des Kehlkopfes, die mit Schleimhaut bedeckt sind. Das Schwingen der Stimmlippen bildet die Grundlage für die Erzeugung menschlicher Stimme.

Stimmlos
Bei stimmlosen Lauten bleibt die Glottis geöffnet, die Stimmlippen schwingen nicht.

Subglottal
Bezeichnung für alles, was sich unterhalb der Glottis befindet, z. B. Luftröhre, Bronchien, Lungen.

Supraglottal

Bezeichnung für alles, was sich oberhalb der Glottis befindet.

Trill

Auch: Vibrant. Lautklasse, die nach ihrer Artikulationsart benannt ist. Die Laute zeichnen sich durch eine schnelle Vibration, ein schnelles Aufeinanderfolgen von Verschluss und Öffnung aus, z. B. der Lippen, der Zungenspitze oder der Uvula (z. B. das gerollte ›r‹).

Ungefüllte Pause

Pausen, in denen eine akustische Stille herrscht.

Uvula

Das allgemein als (Gaumen-)Zäpfchen bekannte Gebilde heißt Uvula.

Uvular

Artikulationsort an der Uvula.

Velar

Artikulationsort am weichen Gaumen.

Velum

Der weiche Gaumen, beginnt hinter dem Palatum und endet an der Uvula.

Dieses Glossar hat nicht die Absicht, als wissenschaftliches Glossar anerkannt zu werden oder einem solchen Genüge zu leisten. Die Absicht liegt darin, dem Leser den Zusammenhang von einzelnen Begriffen verständlicher zu machen, ohne dass sich dieser komplett in die wissenschaftlichen Definitionen und Fragestellungen vertiefen muss. Aus diesem Grund ist das Glossar aus streng wissenschaftlicher Sicht nicht vollständig. Absichtlich wurde auf eine detaillierte wissenschaftliche Ausführung verzichtet.

Verwendete Literatur

Crystal, D. (1997). A Dictionary of Linguistics and Phonetics. Blackwell Publishers, Oxford.

Dommelen, W. van. Moxness, B. H. (1995). Accoustic Parameters in Speaker Height and Weight Identification: Sex-specific Behaviour. *Language and Speech,* 38, pp. 267–287.

Hagen, M. (2006). Förderung des Hörens und Zuhörens in der Schule: Begründung, Entwicklung und Evaluation eines Handlungsmodells. Vandenhoeck & Ruprecht, Göttingen.

Kohler, K. J. (1995). Einführung in die Phonetik des Deutschen. Erich Schmidt Verlag GmbH & Co., Berlin.

Lemke, S. (2006). Sprechwissenschaft – Sprecherziehung: ein Lehr- und Übungsbuch. *Leipziger Skripten,* 4, Frankfurt am Main.

Pfister, B. (2001). Personenidentifikation anhand der Stimme. Ein computergestütztes Verfahren und seine Grenzen im praktischen Einsatz. In: *Kriminalstatistik 4/2001, Fachzeitschrift des Hüthig Verlags,* Heidelberg, 55, p. 287.

Reetz, H. (1999). Artikulatorische und akustische Phonetik. WVT Wissenschaftlicher Verlag Trier, p. 108.

Riggio, R. E. (1991). Beauty is More Than Skin Deep: Components of Attractiveness. *Basic and Applied Social Psychology,* 12, pp. 432–439.

Schmidt, R. F., Lang, F. & Thews, G. (2005). Physiologie des Menschen mit Pathophysiologie. Springer Medizin Verlag, Heidelberg.

Schmidt, S. J. (1991). Gedächtnis. Probleme und Perspektiven der interdisziplinären Gedächtnisforschung. Suhrkamp, Frankfurt am Main.

Schötz, S. (2001). A perceptual study of speaker age, *Lund University, Dept. of Linguistics Working Papers*, 49, pp. 136–139.

Zuta, V. (2007). Phonetic criteria of attractive male voices. *Proceedings of the 16th ICPhS 2007 Saarbrücken*, pp. 1837–1840.

Weiterführendes zum Thema Stimme

Wenn Sie weitere Fragen, Anregungen oder Vorschläge haben, selbst gerne an einer Versuchsreihe teilnehmen oder einfach ein Feedback geben wollen, können Sie sich unter www.zpeech.net über aktuelle Veröffentlichungen, Tipps, Tricks und Erkenntnisse informieren.

Das könnte Sie interessieren

Die oskargekrönte Musicalverfilmung »My Fair Lady« aus dem Jahr 1964 mit Audrey Hepburn als »Eliza Doolittle« ist eine nette Einführung in die Phonetik. Die musikalische Verfilmung des Buches »Pygmalion« von G. B. Shaw handelt von einem Straßenmädchen, das von einem Sprachwissenschaftler in kürzester Zeit so trainiert werden soll, dass es sich auch sprachlich in der feinen Gesellschaft Londons mühelos zurechtfinden kann. Bei diesem Film hatte sogar der bekannte Phonetiker P. Ladefoged die beratende Tätigkeit für das phonetische Inventar während der Dreharbeiten (Aufnahmegeräte, -methoden, Ausspracheübungen etc.) übernommen.

Für diejenigen, die jetzt auf den Geschmack gekommen sind und sich weiter mit der Phonetik, Stimme und Sprechweise beschäftigen wollen, dem seien diese Bücher ans Herz gelegt:

Literaturauswahl

- Fischer, S. R. (1999). Eine kleine Geschichte der Sprache. Campus Verlag, Frankfurt/New York.
- Pinker, S. (1998). Der Sprachinstinkt. Wie der Geist die Sprache bildet. Droemer Knaur, München.

Deutsche Fachliteratur

Phonetisches Grundwissen einfach und auf Deutsch erklärt, für Studenten der ersten Semester geeignet.

- Pétursson, M. und Neppert, J. (1996). Elementarbuch der Phonetik. Helmut Buske Verlag, Hamburg.
- Pompino-Marschall, B. (1995). Einführung in die Phonetik. De Gruyter, Berlin/NewYork.
- Reetz, H. (1999). Artikulatorische und akustische Phonetik. WVT Wissenschaftlicher Verlag Trier.

Englische Fachliteratur

Phonetisches Grundwissen einfach und auf Englisch erklärt, für Studenten der ersten Semester geeignet.

- Ladefoged, P. (2005). A Course in Phonetics. Harcourt Brace Jovanovich, San Diego.
- Laver, J. (1994). Principles of phonetics. Cambridge University Press.